ワンランク上の食卓を目指す

盛りつけの
イデア

由子

成美堂出版

はじめに

盛りつけで広がるおいしさの可能性

料理をおいしく感じるのは舌だけではありません。
昨今は、特に食事の見た目を重要視する傾向にありますが、
実際に食事のおいしさにおいて、
視覚の影響は87％といわれるほど見た目の印象は大切です。
したがって盛りつけは、
料理をよりおいしく味わうための方法ともいえます。

この本では、盛りつけの基本ルールから、料理を彩る器とのコーディネート、
そして日常でよく口にする料理をベースに、
みなさんが自宅でも楽しんで実践できる盛りつけのアイデアをご紹介しています。

まずは、ひと通り読んでいただき、
基本のルールやアイデアを頭に入れたら、
そこからさらに自分なりのアイデアを駆使して実際に手を動かしてみてください。
楽しみながら盛りつけをやってみると
ほんのひと手間で、いつもの料理がぐっと引き立つようになります。

日頃がんばっている自分のためのていねいな食卓として、
また、大切な誰かを喜ばせるための仕掛けとして、
食事をよりおいしく楽しく味わえるよう、この本がお役に立てれば幸いです。

フードコンサルタント／フードスタイリスト
河合真由子

盛りつけの基本とアイデア

CONTENTS

Part 3

サラダ・総菜の盛りつけ方

column ③

Part 4

主食の盛りつけ方

column ④

Part 5

その他の盛りつけ方

Part 6

スイーツの盛りつけ方

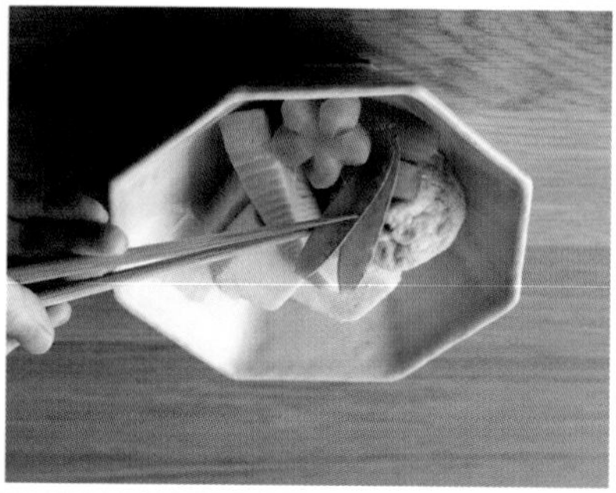

Part 1

盛りつけの基本とルール

ちょっと意識するだけで
格段に料理の印象が変わるのが、盛りつけの効果です。
そのための基本的な原則とルール、
そして実践的なテクニックをお教えします。
これらを覚えるだけで、
ふだんなにげなく盛りつけている料理が
ぐっと洗練され、おいしそうに見えます。

河合流
盛りつけの三原則

盛りつけのもっとも大切な3つの大原則、それは「余白」「彩り」「ボリューム感」です。
まずはこの大原則をきっちり押さえるだけで、
いつもの料理がぐっと洗練されることでしょう。

1. 余白

器における余白の取り方は、盛りつけを考える上でとても重要です。盛りつける料理の量を基準にして器の大きさを決めますが、料理を少なめにし、器の余白を多くとれば、料理と器の両方の美しさが際立ち、レストランのような洗練された盛りつけになります。逆に、器いっぱいに料理をたっぷり盛りつければ、ボリューム感やダイナミックな迫力を演出することができます。イメージする仕上がりに合わせて、余白の分量を調節しましょう。

2. 彩り

料理をおいしそうに見せる大切な要素に、彩りがあります。まず基本となるのは、緑、黄、赤の３色。緑はさわやかさが生まれ、黄は明るさを与え、赤は食欲を増進します。たとえば肉のソテーには、緑のレタス、黄色のコーン、赤のトマトを一緒に盛りつけることで、彩りバランスのとれたひと皿が完成。食材で３色を表現できない場合は、ソースや薬味などで色を補ったり、器で色をプラスしてもいいでしょう。

3. ボリューム感

家庭での料理の盛りつけで陥りがちな失敗は、料理を平坦に並べてしまうこと。高さを出し、立体的に盛りつけるだけで、ぐっとお店っぽい仕上がりになります。高く盛りつける方法は料理や器によって異なります。鉢に盛るときは円すい型の細めの山型に、平皿に盛るときはこんもり大きな山型にしましょう。このとき、上から見たときに正円になっており、横から見たときに山型になっていることが大切です。

大切にしたい
盛りつけの基本ルール8

「河合流 盛りつけの三原則」を覚えたら、次は8つの基本ルールをお教えします。
この8つのルールが理解できたら、
盛りつけの基本的な考え方はマスターできたといっていいでしょう。

1. 料理の主役を決める

ただやみくもに料理を盛るのではなく、その料理の中で何が主役になるのか、何を主役にしたいのかを考えることが、とても大切です。そして、まず最初に主役の位置を決めることで、そのあとに何をどのように、どのような順番で盛りつければいいのか、その道筋がおのずと決まってきます。

2. お皿の「手前」を決める

盛りつけを始める前にまずお皿の手前がどこになるのか、位置決めをすることも重要です。通常、主菜では、メインの主菜を手前に、その奥に副菜を盛りつけますが、お皿の手前を位置決めすることで、食べる人の目線でより料理をおいしく味わうための効果的な演出を行うことができます。

3. 鍋の中を忠実にお皿に「再現」する

料理のいちばんおいしい状態——それは、いま調理している鍋の中身です。盛りつけとは、いちばんおいしい状態の鍋の中身をそのままお皿に忠実に再現すること。煮物なら、鍋の中にある食材のバランスに合わせてお皿に盛りつける。また、食材においしそうな焼き色がつき、つやつやのたれをまとった状態をそのままお皿に再現することで、いちばんおいしい状態をお皿の上でも演出することが可能になります。

4. 形のないものは小鉢に入れて「まとめる」

そのままではお皿の上で自立しないものは、小さな器に入れてまとめるのも基本ルールです。そうすることで自然と高さも出ます。たとえば、形状が細かいものや汁気のあるものは、豆鉢やココット、ガラスの小鉢に入れてお皿の上に置きましょう。和食ならおちょこにいれても趣きがあります。小さな器とその下に重ねる大きな器とのマッチングを考えるのも楽しい作業です。

5.「食材の切り方」で彩りを調整する

調理においては食材の大きさを揃えることが基本ルールですが、盛りつけという観点からいえば、あえて切り方を変えるのもひとつの手です。たとえば、料理に赤みが足りないと感じた場合、赤いトマトを半割にしたり、パプリカを細切りにすることで赤みの度合いを調整することができます。また、カラフルな食材がそれぞれ違う形状にカットされていることで、ランダムな動きが出て、立体感や目新しさをもたらし、食べたときの食感の変化にもつながります。

6.「高低差」を利用してボリューム感を演出する

料理自体のボリューム感を強調したいとき、高低差をうまく使う盛りつけ方法があります。たとえば、高く積み上げたパンケーキはそれだけでも迫力がありますが、まわりにソースやフルーツなどを平たく（低く）盛りつけることで、高低差からパンケーキ自体のボリュームをより強調することができ、しずる感のある盛りつけになります。

7.「左右対称」の盛りつけでまとまりよく仕上げる

左右対称に盛ることで、安定感と安心感を得られるという心理的な効果があります。盛りつけ方としては、まず器に目視で十字線を引き、そのライン上にメインとなる具材を置きます。そして、空いているスペースを埋めていくようにしてそのほかの具材をそれぞれ順番に配置していきます。そうすることで、放射状の美しい盛りつけが完成します。

8.「連続性」のある盛りつけでまとまりをよくする

トレーや大皿などに数種類のおかず、あるいは同じおかずを複数盛りつけるときは、連続性のある並べ方で盛りつけると、リズム感が出て心地よさを感じます。直線上に並べたり、ジグザグと交互に並べたり、放射状に並べたり……とさまざまな並べ方があります。また、2～3個をまとめて置き、少し離して2～3個をまとめて置くという方法もあります。

ぐっと素敵になる

盛りつけのテクニック5

次のステップは、5つのテクニックです。
これらのテクニックはどれも実用的で、日常の料理で使えるものばかりなので、
ぜひ今日から日々の盛りつけに取り入れて実践してみてください。

1. 断面を見せる

こんがりと焼き色がついた表面はもちろんですが、しっとりジューシーな断面を見せるとよりおいしそうに見えます。特に肉料理は、ロゼのような美しい赤が見えると、お肉のレア感とツヤ感で食欲をそそります。カットするときは、ななめにそぎ切りにすることで断面をより強調できます。また、器に並べるときは、断面を見せながらずらして重ねるといいでしょう。

2. 底上げする

焼き魚やローストポークなど、平たい料理はそれだけではボリューム感がなく、寂しい印象になりがちです。その場合、「底上げ」することで料理のボリューム感を演出することができます。たとえば、焼き魚なら、下に添え物の副菜を敷き、その上に魚を盛りつけることで自然と立体感が出て、料理のおいしさを強調することができます。

3. 料理の温度感を大切にする

温かいものは温かく、冷たいものは冷たく提供するのが料理の鉄則。そのため、料理をよりおいしく演出するという意味では、温かく提供する主菜にはグリルした野菜など温かみのある副菜を添えると全体のトーン＆マナーが揃います。反対に冷やしていただく主菜には、フレッシュ感を強調した葉物野菜やミントなど清涼感のあるあしらいが合います。

4. 料理と器の材質を合わせる

料理の仕上がりイメージに合わせて器を選ぶことも大切です。ステーキをモダンなソース使いで見せるなら、よりスタイリッシュに見える白磁の器。グラタンを家庭的に見せたいなら、陶器の器。ガラスの器なら、フレッシュ感のあるサラダやみずみずしいゼリーにぴったり。器と料理の組み合わせを楽しみ、オリジナリティのあるひと皿を作りましょう。

5. 器の色で彩りを足す

「河合流 盛りつけの三原則」の「彩り」（11ページ）でも触れましたが、主菜や主食を盛りつけるとき、食材に色味が足りない場合は器で色を補うのもテクニックのひとつです。グレーや黒、こげ茶などの締め色で際立たせるほか、補色使いでメリハリをつける方法があります。お皿のリムに色がある器は、料理全体をまとまりよく仕上げてくれる効果も。

料理カテゴリー別

器の選び方・揃え方

料理と器の関係は切っても切り離せません。
おいしい料理をより魅力的に見せるため、和・洋・中の器の基本を知りましょう。

和食の器

形や素材、種類が実に豊富な和の器。和食は器を手に持っていただくため、比較的サイズが小さく、手触りを重視するのが特徴です。

基本の和食セット

主菜用の七～八寸皿、副菜用の小鉢、副々菜用の豆皿、飯碗、汁椀、湯のみを揃えましょう。

七寸皿：HIBI皿（鉄）直径20.0cm（KINTO）　小鉢：高島大樹 花形小鉢（ライトグリーン）10.0×10.0cm、高さ5.0cm（参考商品）　豆皿：片耳ミニプレート8.6×7.2cm（参考商品）　飯椀：HIBI 茶碗（灰）直径12.0cm、高さ6.0cm（KINTO）　汁椀：HIBI 漆椀（茶）直径11.5cm、高さ6.5cm（KINTO）　湯のみ：直径7.0cm、高さ7.5cm（4TH-MARKET）　箸：煤竹 角箸（焦茶）22.7cm（参考商品）　箸置き：白磁しずく箸置（片端金）3.8cm（参考商品）

食卓に趣きを添える和食の器

竹口要 輪花プレート(砂金)21.5×20.5cm／信楽の土で作陶された砂金色の平皿。使い込むほどにツヤが出る。(参考商品)

七寸皿・八寸皿

一般的に和食器のサイズは「cm」ではなく「寸」で表します。一寸は約3cmで、主菜用のお皿は、直径21cmほどの七寸皿や、直径24cmほどの八寸皿が使いやすいでしょう。

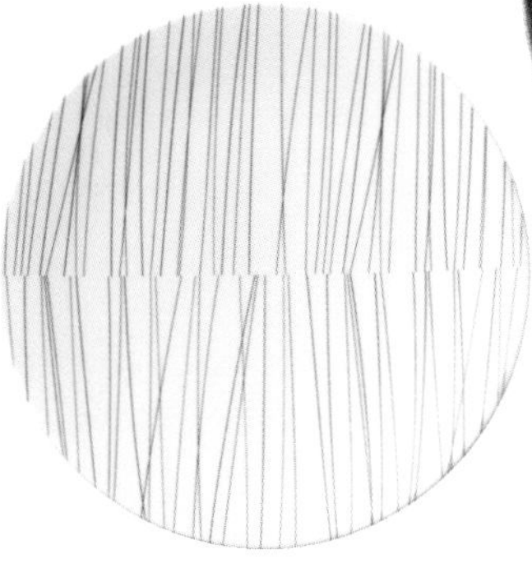

HIBI 皿(レイ)直径20.5cm／クリーンな白地にブルーの直線が、どんな料理でもさわやかにまとめてくれる。(KINTO)

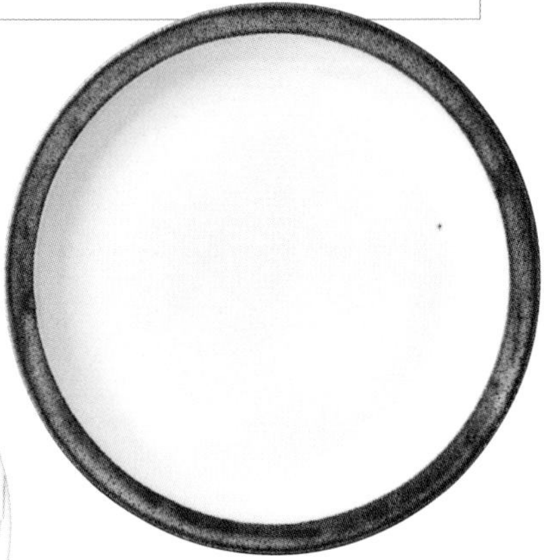

たくまポタリー ディナープレート 直径23.0cm／白の見込みにカーキのリムが料理に表情を与えてくれる。(参考商品)

盛り鉢

取り分けスタイルの料理を盛りつける鉢。煮物など汁気のあるものを盛れるようしっかりと深さがあるものを選ぶとよいでしょう。

フォルクローレ 5.5寸切立鉢(錆かいらぎ)直径16.0cm、高さ5.0cm／上品で趣きのある柄。(sobokai／マルミツポテリ)

フォルクローレ 6寸鉢(藍染付け)直径18.8cm、高さ5.5cm／濃淡のある深い藍色が美しい。(sobokai／マルミツポテリ)

中皿・小皿

取り分け用の小皿を多めに用意しておくと、なにかと便利です。約12cmの四寸皿や、約18cmの六寸皿が使いやすくて重宝します。

伊藤聡信 花文丸皿(ピンク)直径17.9cm／印判による淡い赤の花の絵が可憐な印象。(参考商品)

三川内焼白磁十角皿(染付絵 変丸文)直径10.5cm／白磁に藍色の伝統的な紋柄が描かれた丸平皿。十角形が粋な味わい。(参考商品)

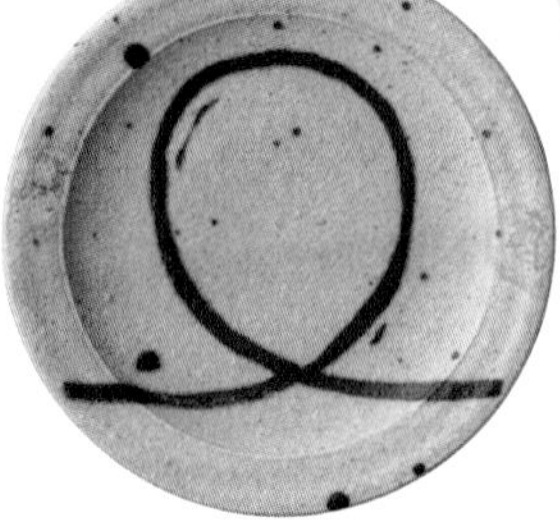

小泊良 豆皿(黄×茶)直径11.0cm／黄土色の地肌に描かれた力強さのあるラインがアクセントに。(参考商品)

小鉢・飯碗・汁椀

和え物や酢の物などの副菜を盛りつけたり、汁気のある料理を盛りつけるときに便利な小鉢。三～五寸（9～15cm）の大きさのものを選んで。

クルヴァーレ 4寸鉢 銀彩 12.3×10.6cm、高さ5.6cm／盛りつけたときの余白の曲面が料理を美しく見せる。(sobokai ／マルミツポテリ)

HIBI 茶碗(灰)直径12.0cm、高さ6.0cm／シンプルなフォルムで手にしっとりなじむ茶碗は、どんな食器とも相性がいい。(KINTO)

小鉢 直径 9.0cm、高さ 5.0cm／明るいラベンダー色が盛りつけるものに華やかさをプラス。(参考商品)

HIBI 漆椀(茶)直径11.5cm、高さ6.5cm／料理が映えるなめらかな汁椀。(KINTO)

湯のみ

大ぶりのもの、小ぶりのもの、高さのあるものなどバリエーション豊富なので、お好みで選びましょう。

CLK-151 カップ（ベージュ）直径7.5cm、高さ6.0cm／釉薬と素焼きのコントラストが味わい深い波佐見焼の湯のみ。(KINTO)

rei-cha glass S 直径6.5cm、高さ7.0cm／型吹きガラスの製法で作られた高台付きのグラス。冷茶や冷酒に。(yumiko iihoshi porcelain)

ティシュ 湯のみ（白、黄）直径7.0cm、高さ7.5cm／ころんとしたフォルムがかわいい湯のみは普段使いに。(4TH-MARKET)

箸・箸置き・その他

素材や色、柄が多種多彩な箸と箸置きは、和食ならでは。食卓のアクセントになり、器との相性を考えるのも楽しい。和スイーツのカトラリーも揃えておきましょう。

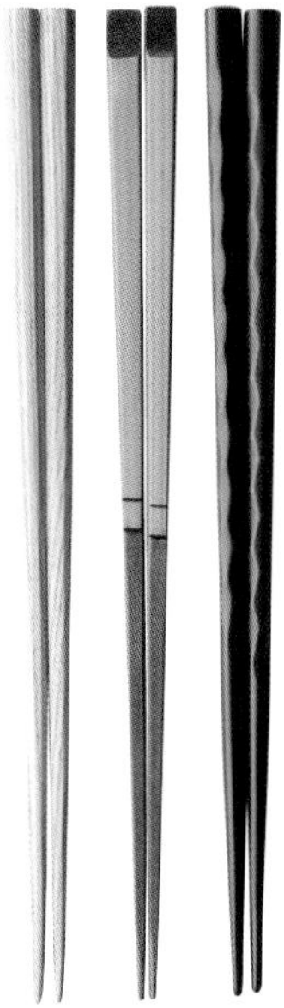

左：日高英夫 トネリコ・八角箸（木目／生成）24.5cm　中：津軽塗（一双）拭漆・竹天削角箸（生成×茶）21.0cm　右：鎌倉彫（たつみや）漆塗・角箸（赤茶）19.5cm（すべて参考商品）

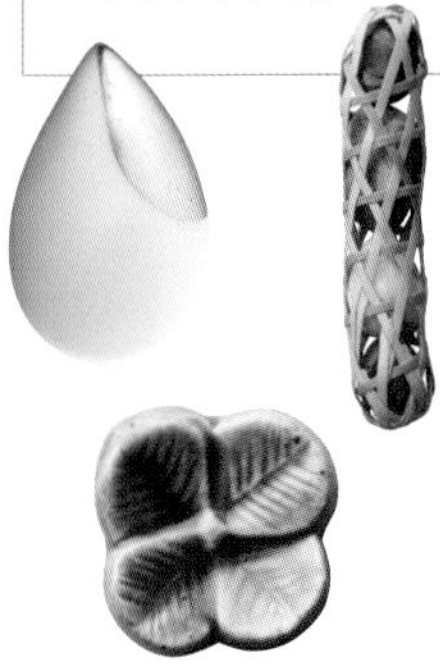

左上：堀江陶器 白磁しずく箸置（片端・金）3.8cm　右上：白竹かごめ箸置（石入）6.0cm　下：箸置き 2.5cm（すべて参考商品）

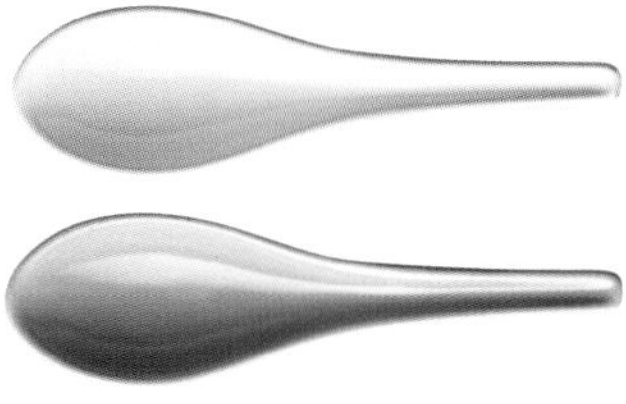

ブルエ スプーン（白、ライトブルー）15.0×4.1cm／しっとりスモーキーカラーのれんげ。(studio m'／マルミツポテリ)

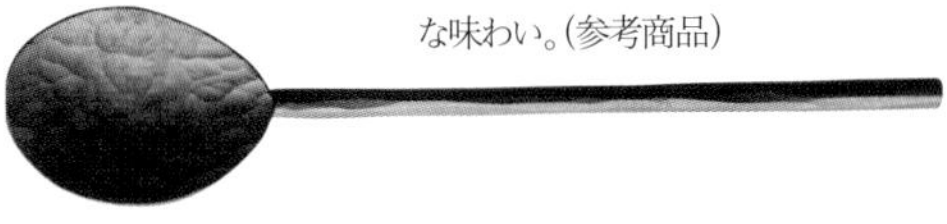

富井貴志 拭漆・楕円スプーン（はつり／墨茶）20.3cm／李朝スプーンの形で拭き漆が施されたスプーンは素朴な味わい。（参考商品）

花梨・菓子切フォーク（幹色）14.2cm／花梨の木で作られた菓子切フォークはモダンなフォルム。（参考商品）

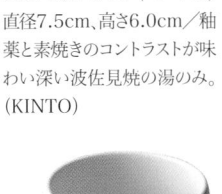

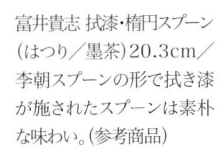

洋食の器

基本はベーシックでシンプルな白の器を揃えるのがおすすめ。
ひととおり同じ素材、色で揃えておくと使いまわししやすいです。

基本の洋食セット

主菜用のディナープレート、パン皿、ウォーターグラスとシャンパングラス、そしてナイフ、フォークが基本となります。料理に合わせて、スープ皿、サラダ皿、デザート皿などが加わり、ワイングラス、スプーンが追加されます。

ディナープレート：アラビア ディナープレート 直径25.3cm　パン皿：アラビア プレート 直径17cm　ウォーターグラス：SCHOTT ZWESEL×PUNKコブレット 直径8.0cm、高さ17.5cm　シャンパングラス：レーマン by オーセンティック No6 直径5.0cm、高さ20.3cm（すべて参考商品）　ナイフ：シャルパンテ テーブルナイフ 21.7cm　フォーク：シャルパンテ テーブルフォーク／20.0cm（ともにstudio m'／マルミツポテリ）

食卓が華やかになる洋食の器

ディナープレート・深皿

メインディッシュをのせるディナープレートは23～27cmサイズを選びます。ビーフシチューや汁気のあるメインディッシュ、カレーライス、パスタなどに向いた深皿は21～24cmサイズが便利。

CLK-151 プレート(ピンク)直径25.0cm／温かみのあるサーモンピンクのディナープレートは使いやすいサイズ。(KINTO)

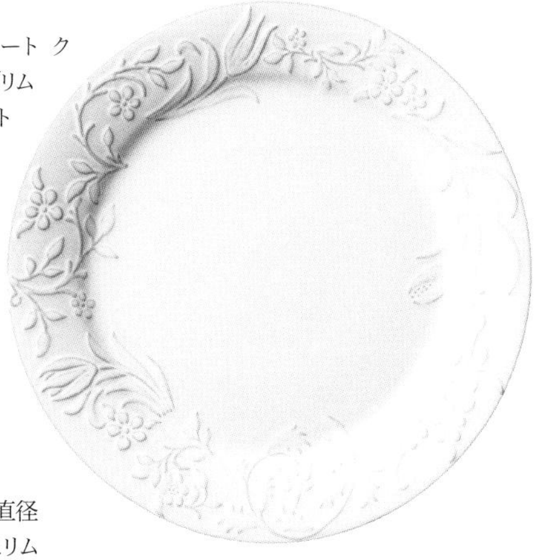

アロッロ ディナープレート クレーマ 直径27.5cm／リムの立体装飾がエレガントな印象のディナープレート。(sobokai ／マルミツポテリ)

ディナープレート 直径25.7cm／白地にリムの太いブルーラインが清廉な印象にまとめてくれる。(参考商品)

レコルテ 230プレート 直径22.5cm、高さ4.0cm／オリーブ色の美しいプレートは、使い勝手のよい深さ。(studio m'／マルミツポテリ)

スプラ スーププレート (白) 直径21.4cm、高さ4.2cm／波打ったリムが華やかな深さのある皿。(studio m'／マルミツポテリ)

オーバル皿

1枚あると便利な楕円形のオーバル皿。メインデッシュのほかサラダやおつまみなど幅広く使え、食卓に置いたときに圧迫感がなく、こなれ感が出ます。

フェルメ 12'' オーバルプレート 29.5×21.5cm、高さ3.7cm／深みのあるブラウン色。(studio m'／マルミツポテリ)

パレット 290オーバルプレート(スモーキーパープル)28.8×21.2cm／セミマットなテクスチャーと淡いパープルが上品。(studio m'／マルミツポテリ)

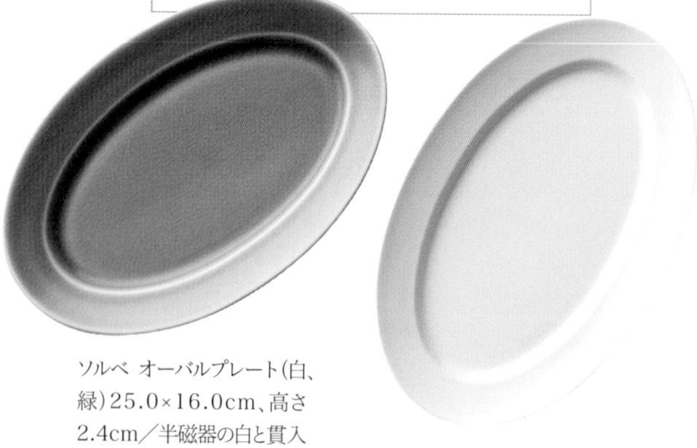

ソルベ オーバルプレート(白、緑)25.0×16.0cm、高さ2.4cm／半磁器の白と貫入のグリーンのオーバル皿。(4TH-MARKET)

サラダボウル

サラダ用にやや深さのあるボウルを用意します。18～22cmほどのサイズのものなら、さまざまな用途に使いまわしできて便利です。

ペレン サラダボウル(ブルー、クリーム)直径14.0cm、高さ3.5cm／淡いペールトーンのボウルはマットな質感。(4TH-MARKET)

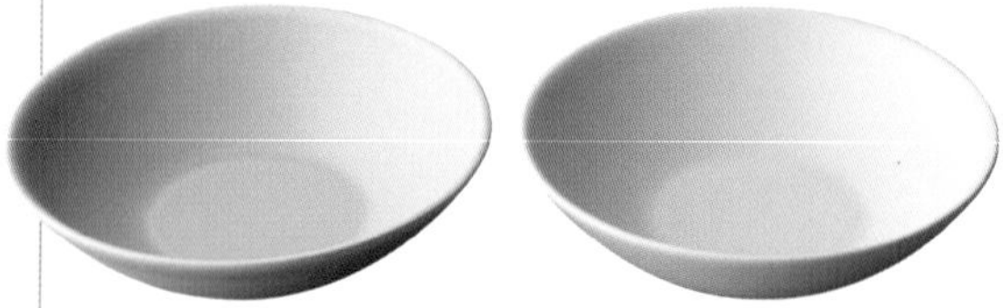

クラウド 高台5寸皿(白)直径15.0cm、高さ8.0cm／青みを帯びた高台付きボウル。(sobokai／マルミツポテリ)

WOODボウル(ブラウン)直径25.0cm、高さ8.3cm／木目が美しいボウルは取り分けシーンに活躍するサイズ。(参考商品)

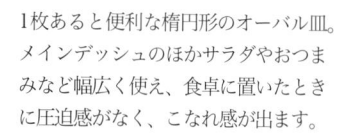

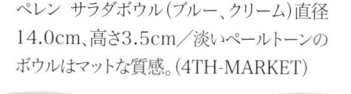

グラス・カップ

洋食のグラスは用途によりさまざまな種類がありますが、まずは、タンブラー、ウォーターグラス、シャンパングラス、ワイングラスを揃えて。カップは、スープやポトフなどのほかにマグカップとしても。

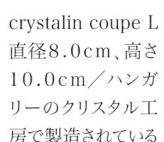

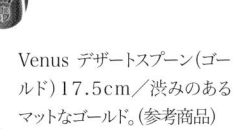

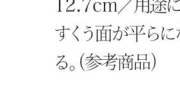

うすはりタンブラー L 直径7.0cm、高さ13.5cm／ソフトドリンク、ビール、ウイスキーの水割りなどに。(参考商品)

GARCON ワイングラス 直径7.0cm、高さ18.0cm／シンプルなワイングラスは白・赤用に各4脚揃えておきたい。(参考商品)

crystalin coupe L 直径8.0cm、高さ10.0cm／ハンガリーのクリスタル工房で製造されているグラス。(yumiko iihoshi porcelain)

ポトフカップ(フェルト灰、フェルト白)8.5×11.5cm、高さ5.0cm／スープのほかココット料理にも。(4TH-MARKET)

フォーク・スプーン・ナイフ

カトラリーも多種多様にありますが、ディナー用のフォーク、スプーン、ナイフを基本にし、デザートカトラリーを用意すればオードブルにも応用できます。

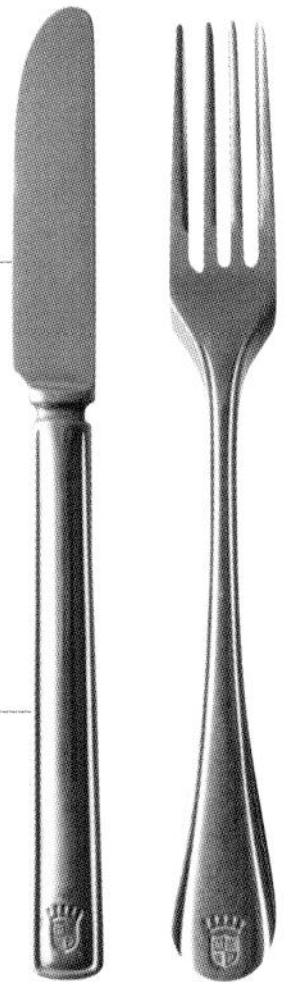

右:シャルパンテ テーブルフォーク 20.0cm 左:シャルパンテ テーブルナイフ 21.7cm／エレガントでありながらアンティーク調のカトラリー。(ともにstudio m'／マルミツポテリ)

竹俣勇壱 サラダスプーン 16.0cm／彫金師・竹俣勇壱氏が手がけたサラダスプーン。(参考商品)

フルーツフォーク 11.7cm／あしらいが繊細な印象のフルーツフォーク。(参考商品)

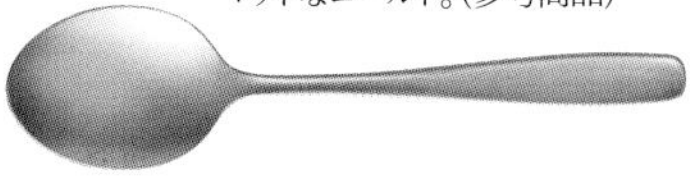

Venus デザートスプーン(ゴールド)17.5cm／渋みのあるマットなゴールド。(参考商品)

Cutipol GOA デザートスプーン 18.0cm／ポルトガルの人気ブランドのスプーン。(参考商品)

アイスクリームスプーン 12.7cm／用途に合わせ、すくう面が平らになっている。(参考商品)

RAADVAD ディナーフォーク 19.0cm／家庭的な印象のウッドハンドルのフォーク。(参考商品)

中華の器

中国料理は、大皿に盛られたものを各自が取り分けていただきます。
形や色、柄に特徴があり、料理を彩る華やかなものが多いです。

基本の中華セット

取り分け用の平皿とスープ碗を中心に、たれ皿と、れんげ、箸、箸置きなどのカトラリー、そして湯碗などの茶器と酒器などがあります。取り皿は料理ごとに取り替えるので、多めに用意しておくといいでしょう。

取り皿：景徳鎮 丸皿(縁花 金×赤)直径21.0cm　スープ碗：其泉窯 白磁スープ碗(縁朱金花唐草)直径11.5cm、高さ5.2cm　湯碗：中華 万里 白磁湯碗(縁雷文 朱×金)直径7.7cm、高さ5.4cm　たれ皿：中華 万里 白磁丸深皿(縁雷文 朱×金)直径7.3cm　しょうゆ差し：其泉窯 白磁正油差(朱金花唐草)12.0cm、高さ8.0cm　れんげ：景徳鎮 レンゲ(縁花 赤×金)12.5cm　れんげ台：清右エ門窯 白磁レンゲ台(錦蝶絵)8.0cm　箸：黒壇 角箸 23.0cm　箸置き：長角箸置 5.6cm　酒器： PASTA タンブラー 直径6.0cm、高さ10.5cm(すべて参考商品)

※湯碗は直訳するとスープ碗ですが、サイズが湯のみサイズのため、ここでは茶器として紹介しています。

食卓が豊かになる中華の器

取り皿・飯碗・スープ碗

大皿料理をめいめいが取り分けるスタイルの中華では、取り分け皿は必須アイテムです。また、ごはんとスープも欠かせない料理のため、スープ碗も用意して。

景徳鎮 白磁 丸平皿(縁幾何柄・内草花・藍)/リムのグラフィカルな幾何模様と中央の草花の組み合わせが絶妙。(参考商品)

龍鳳社 青雷門 スープ碗(縁雷門・鳳凰・龍/藍)直径11.5cm、高さ5.7cm/淡いブルーが上品。(参考商品)

八角皿

風水の考えから縁起がよいとされる八角形の器は中国料理には欠かせないアイテムのひとつ。炒め物やチャーハンなどを盛りつけると、ぐっと中華風に。

吉野鳳凰 青彩鳳凰 八角高台皿(縁蔓草・鳳凰)直径19.0cm、高さ5.0cm/藍色の蔓草と鳳凰が印象的。(参考商品)

丹羽陶園 金彩双鳳 八角皿(高台・双鳳×唐草)直径19.5cm/翡翠色×朱色×金色の色取り合わせが豪華。(参考商品)

大皿

大皿料理を各自が取り分けるスタイルの中国料理では、大皿は必須アイテムです。取り分けやすいようフォルムはベーシックな丸型がおすすめ。

レイノー 九谷 丸皿(枝花) 直径27.0cm／フランスの食器ブランド・レイノーリモージュが製陶した九谷焼。(参考商品)

ときわ 青白磁唐草丸皿 直径31.0cm／焼くと透明になる釉薬をかけて作られた青白磁の大皿。(参考商品)

小判皿

これひとつで中華らしい雰囲気が叶う小判型のお皿。中華料理では姿のまま調理されることが多く、食材の形に合った器として小判皿が用いられます。

ノリタケ 洛陽花 楕円皿(縁線・花蔓草／青緑・オフ白)23.0×15.5cm／蔓草の装飾と淡いブルーグリーンが繊細。(参考商品)

龍鳳社 青雷門 楕円皿(縁雷門・鳳凰・龍／藍)26.0×18.0cm／見込みに鳳凰と龍が描かれたオーバル型の皿。(参考商品)

丼ぶり

アジア随一の麺大国である中国では、麺類は欠かせません。地域によってさまざまな麺料理があるため、麺類を盛る丼ぶりも実に多種多彩です。

景徳鎮 蛍 ラーメン鉢(縁幾何柄・底草花)直径16.0cm、高さ7.0cm／老舗ブランド・景徳鎮の蛍焼食器。(参考商品)

青花龍 ラーメン鉢(龍入窓・花唐草)直径18.6cm、高さ7.4cm／赤×青×黄の唐草模様と龍が鮮やかな丼ぶり。(参考商品)

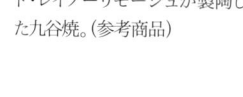

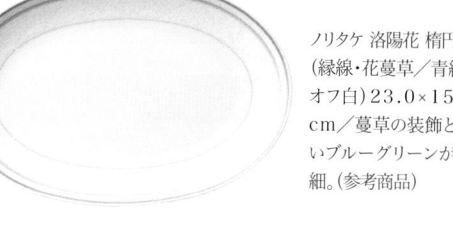

茶器

数百種類ものお茶があり、独自の文化が発達した中国茶。それゆえに、茶器も多彩なバリエーションがあります。中国料理に欠かせない茶器もぜひ揃えたいもの。

景徳鎮 金線蛍 白磁急須(青×赤)18.6×11.2cm、高さ12.5cm／透かしの技法が用いられた蛍焼の急須。(参考商品)

景徳鎮 金線蛍 白磁湯碗(青×赤)直径7.4cm、高さ5.6cm／急須と同シリーズの湯碗はセットで揃えて。(参考商品)

キントー チンシャン 青白釉蓋碗 直径9.0cm、高さ8.0cm／やや青みを帯びた白磁の蓋付き湯碗はクリーンな印象。(参考商品)

箸・れんげ

中国料理では、箸とともにれんげが必須アイテムです。れんげは溝に人差し指を入れ、柄の部分を親指と中指ではさむようにするのが正しい持ち方です。

上:AQ 草花文レンゲ(丸桃・黄緑×マゼンタ)13.0cm
下:丹羽陶園 金彩双鳳 レンゲ(双鳳・金×赤)14.0cm
(ともに参考商品)

(上から)紫壇 角箸(先丸)25.5cm　漆塗 角箸(先丸・丸文・金×赤茶)24.5cm　黒壇 角箸(SL・柄)23.0cm　白木 角箸(先・丸／山水)23.8cm(すべて参考商品)

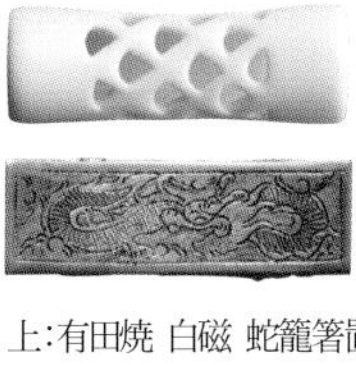

上:有田焼 白磁 蛇籠箸置 5.5cm／蛇籠の繊細な細工が印象的。
下:ST・長角箸置(ドラゴン)5.6cm／龍が彫られた中華テイストの箸置き。(ともに参考商品)

column

1

道具の力を借りて、盛りつけをもっと簡単に

盛りつけに役立つ道具

盛りつけに役立つ道具を揃えると、簡単に美しい盛りつけができるようになります。ここでは、プロも使っている４つの便利なアイテムを厳選してご紹介。種類も豊富で、プチプライスのものもたくさんあるので、使いやすいものを見つけてください。

シリコン製ターナー

金属製のターナーは食材を傷つけてしまうことがあるため、身がやわらかい魚料理などにはシリコン製のターナーがおすすめです。表面がなめらかで、柔軟性があり、適度にしなるターナーを選べば、食材をスムーズに扱えるほか、鍋も傷つけません。

盛りつけ箸

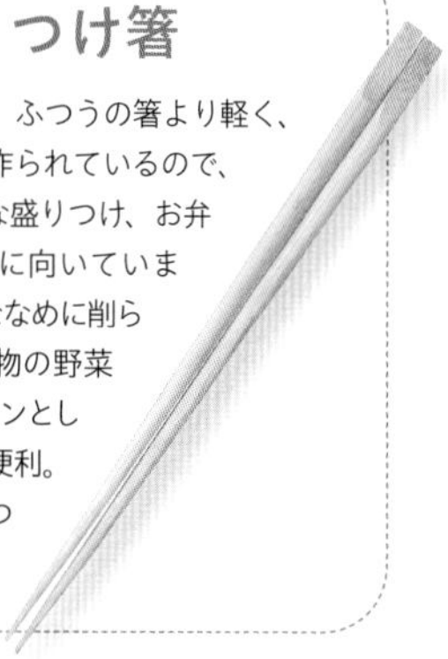

盛りつけ専用の箸。ふつうの箸より軽く、箸先がかなり細く作られているので、細かい作業や繊細な盛りつけ、お弁当の盛りつけなどに向いています。また、箸頭がななめに削られているため、煮物の野菜などやわらかくゴロンとしたものを扱う際に便利。出し巻き卵の盛りつけにも使えます。

指先トング

ふつうのトングに比べて柄の長さが短いので、ホールド力があり、指先に力を届けやすく、すべりやすい固形物や細かい盛りつけに適しています。また、薄切り肉を１枚ずつはがしたり、熱い食材を切る際に指先トングで押さえるなどの使い方も。

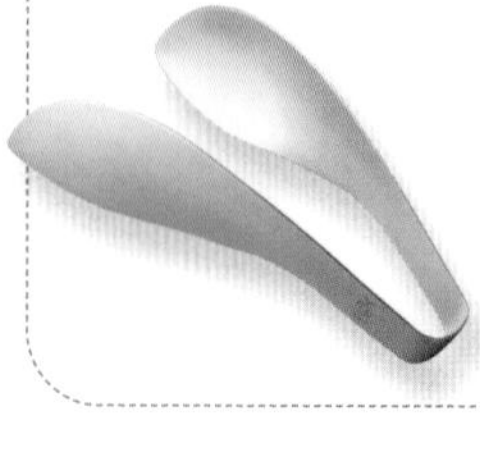

シリコン製計量カップ

計量カップはガラス製やプラスチック製が一般的ですが、シリコン素材ならそのまま電子レンジにかけられます。また、手で押さえればたわむので、注ぎ口を細くして線状にソースをかけることも。計量・混ぜる・加熱・注ぐが叶う優秀アイテムです。

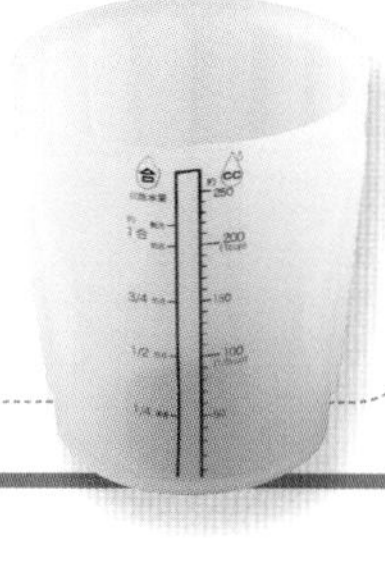

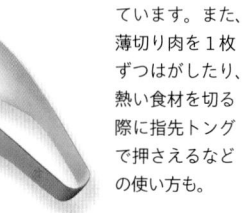

Part 2

主菜の盛りつけ方

肉や魚などを使ったメインのおかずは、
食卓の主役です。
料理の彩りやボリューム、
そして器との相性など、
ぐっと華やかになるテクニックとコツを伝授。
なにより「食べたい！」という気持ちを盛り上げる
おいしそうな盛りつけを目指します。

主菜の基本の盛りつけ方

レタスなどの葉物野菜はお皿の左奥に盛ります。お皿の1／3ほどのスペースを使ってOK。

つけ合わせのじゃがいものソテーは右奥に盛ります。ミニトマトは、じゃがいもよりやや中央寄りに置くとバランスがいいでしょう。

ジュピター 270プレート(スノー)直径27.3mm(sobokai／マルミツポテリ)

メインのハンバーグはお皿の手前中央に置きます。ソースがある場合は、手前に落ちるようにかけましょう。ステーキやしょうが焼きなどの薄くて面積の大きいものは、つけ合わせに立てかけるようにしながら、ずらし重ねて盛ります。

基本の盛りつけ方

1

最初にメインのおかずを置く位置を決める。お皿とおかずの大きさのバランスを見て1/2〜2/3のスペースを空ける。次に、お皿の奥やや左側に葉物野菜を盛る。

2

その右に、食べやすい大きさに切ってソテーしたじゃがいもを盛る。

3

葉物野菜とじゃがいもの下に、半分に切った赤・黄ミニトマトを盛る。

4

お皿の手前にハンバーグを盛る。

5

ハンバーグにソースをかける。

6

刻んだパセリをハンバーグに散らす。

メインのおかずは手前、つけ合わせは奥に盛りつける

ハンバーグやポークソテー、牛ステーキ、魚のムニエルなどの主菜の盛りつけは、器の手前にメインのおかず、奥につけ合わせを盛るのが基本のルールです。

豚のしょうが焼きやステーキなど厚みのあまりないものは、平面的にならないよう、つけ合わせに立てかけるようにしたり、切ったものをずらし重ねて並べるなどして立体的に盛りつけるのが重要。

またつけ合わせは、葉物野菜などボリュームのあるものは左奥に置き、トマトやじゃがいもといった小ぶりのものは右奥に置きます。

メインのおかずは茶色っぽい色合いのものが多いので、つけ合わせで緑、赤、黄などの彩りをプラスするほか、ソースやたれをしっかりかけて、照り、しずる感を演出するのも大切です。

肉の断面を見せて食欲を刺激
牛ステーキ

ビストロでいただくステーキのように、肉の存在感を生かした
迫力のあるひと皿に仕上げます。肉の断面を見せることで食欲をそそります。

盛りつけのポイント

肉の断面のレア感を強調し、しずる感のある盛りつけに。包丁をななめに入れることで肉の存在感もアップ。焼き目をつけたグリル野菜も香ばしさとともに料理に華やかさを添えています。

使った器はこちら

アポロニア ディナープレート（錆かいらぎ）直径28.7cm／落ち着いたかいらぎの模様が繊細な表情を生み出すディナープレート。シンプルな肉料理におすすめです。(sobokai／マルミツポテリ)

盛りつけ方

1. お皿の中央に、リボンを描くようにバルサミコクリームを絞る。

2. ひと口大のグリルポテトをお皿の奥に盛る。ミディアムレアに焼いた牛肉は包丁をななめに入れてカットし、グリルポテトの手前に盛る。

3. グリルパンで焼いたヤングコーン、ズッキーニ、赤・黄パプリカをお皿の手前に盛る。チャービルを添え、右手前には塩と粗びき黒こしょうを置く。

バリエーション

ステーキをお皿の中央に盛ります。その上に、ベビーリーフと紅芯大根、ミニトマトをのせ、粗びき黒こしょうをふり、赤ワインソースをまわしかけます。繊細なベビーリーフ使いでエレガントな印象に。

使った器はこちら → アロッロ ディナープレート クレーマ 直径27.5cm(sobokai／マルミツポテリ)

カフェ風のおしゃれなランチプレート

チキンのトマト煮

チキンのトマト煮をクスクスと一緒に盛りつけることでモロッコテイストに。
チキンの赤、クスクスの黄色、イタリアンパセリの緑で彩りもきれいです。

盛りつけのポイント

鶏肉は全体に広げるようにしてジグザグに盛りつけます。また野菜は、鶏肉と鶏肉の間のスペースにバランスよく盛りつけます。

使った器はこちら

OXYMORON plate L 直径27.0cm／カレー用に作られた器はカフェ風ワンプレートとも好相性。料理を格上げしてくれます。(yumiko iihoshi porcelain)

盛りつけ方

1. お皿のやや左奥に、湯で戻してオリーブオイルと塩、レモン汁で調味したクスクスを盛る。

2. チキンのトマト煮を手前に盛る。赤パプリカ、黄パプリカ、玉ねぎを鶏肉の間を埋めるようにし、残りのソースとともに盛る。

3. 生クリームをまわしかけ、粗びき黒こしょうとピンクペッパーをふる。仕上げに手でちぎったイタリアンパセリをジグザグになるように散らす。

バリエーション

チキンのトマト煮をココットに盛り、チャービルを添えるバル風のワンプレート。スティック状にカットしたバゲットをガーリックトーストにし、お皿の余白にパセリ、オリーブオイルをかけて仕上げます。

使った器はこちら → CLK-151プレート(ピンク) 直径25.0cm(KINTO)　ココット皿 直径17.7cm、高さ3.3cm(参考商品)

ジグザグ盛りなら抜群の安定感

鶏のからあげ

形が不揃いな鶏のからあげは、高さを出そうとすると不安定になりがちです。
1個目のからあげを起点にし、土台を作りながら上に重ねることで安定感が出ます。

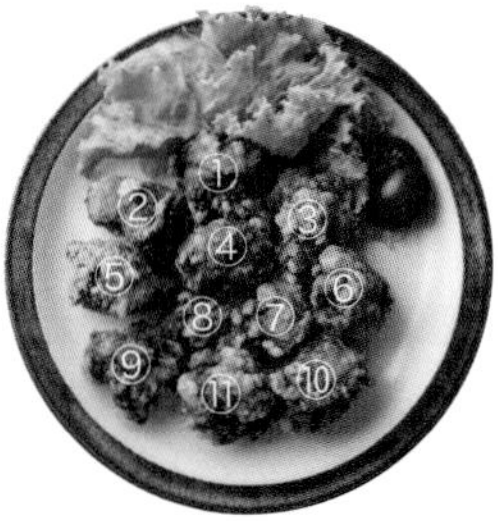

盛りつけのポイント

1個目のからあげを起点にし、そこに立てかけるようにジグザグと置いていくことで迷いなく盛りつけられます。また、土台もしっかりと安定します。上の写真の盛りつけは、中サイズのからあげが14個。

使った器はこちら

たくまポタリーディナープレート 直径23.0cm／和食の繊細さを損なわず、リムが料理全体をまとまりよく見せてくれる応用範囲の広い器。(参考商品)

盛りつけ方

1. お皿の奥にレタスと半分にカットしたミニトマトをのせる。

2. レタスの中央すぐ手前にからあげを1個置く。そこを起点に左ななめ手前に2個目、1個目の右ななめ手前に3個目、その左手前に4個目とジグザグに置く。

3. ジグザグにのせたら、その上にからあげの2段目を積み、全体的に山高になるように仕上げる。お好みでカットしたレモンを添える。

バリエーション

中鉢に敷紙を敷き、その上にからあげを盛りつけます。お好みでカットレモンとパクチー（パセリやイタリアンパセリでもOK）を添えます（写真は中サイズのからあげ5個を盛りつけています）。

使った器はこちら → フォルクローレ 5.5寸切立鉢(黒柿釉) 直径16.0cm、高さ5.0cm (sobokai／マルミツポテリ)

器の重ね使いがポイント

鶏つくね

食べるときの箸の動きに合わせて、薬味を右奥、卵黄を左奥にレイアウトします。
つくねのたれでつやを出し、食欲をそそる形に仕上げましょう。

盛りつけのポイント

盛りつける角鉢に対し、卵黄を入れる小鉢の場所を最初に決めてしまいます。こうすることで、つくねを置く位置がおのずと決まってきます。青じそはずらして重ね、葉先が見えるように調整。

使った器はこちら

ソブル正角鉢（ブロンズ）直径18.3cm、高さ5.3cm／釉薬のムラにより大人っぽい雰囲気に。(sobokai／マルミツポテリ)　東洋ササキガラス 瓢箪小鉢（渕金）8.2×7.5cm、高さ3.5cm（参考商品）

盛りつけ方

1. 器に青じそを敷き、つくねをのせる。先に置いたつくねにもうひとつのつくねをやや立てかけるよう置き、立体感を出す。

2. みょうがは縦半分にカットし小口切りに、しょうがはすりおろし、それぞれ器の右奥にこんもりと盛る。小ねぎは小口切りにし、器の左手前に添える。

3. 小鉢に卵黄を入れる。つくねに白ごまをふる。

バリエーション

ドーナツ状にくり抜いたパラフィン紙をお皿に置き、上から青のりを散らす。その上に田楽串に刺したつくねをのせる。フォルムを強調した無駄のない盛りつけはパーティーシーンにもおすすめ。

使った器はこちら → FOG-151 プレート（アッシュホワイト）直径25.0cm（KINTO）

彩り野菜のバランスを重視して

ビーフシチュー

ブラウン1色のビーフシチューは、いかにして野菜を彩りよく盛りつけるかがポイントです。食べやすい大きさにカットした野菜をバランスよく配していきましょう。

盛りつけのポイント

にんじんは肉より少し小さめにカットし、さやいんげんは器の直径のおよそ1／4の長さになるようにななめ切りにします。肉、にんじんとのバランスを見ながら置くのがポイントです。

使った器はこちら

アラビア スープ皿 直径20.3cm、高さ4.0cm／厚みのある白磁のため、スープなどの温かい料理とも好相性です。(参考商品)

盛りつけ方

1. ビーフシチューを器に盛る。

2. ゆでたにんじんとさやいんげんを肉に重ならないようバランスを見ながら置く。

3. 仕上げに生クリームをジグザグ状にかける。

バリエーション

1人用にぴったりのカフェ風ワンプレート。ボウルにビーフシチューを盛り、にんじんとさやいんげんをバランスよく配置します。下にひいたプレートには、縦にカットしガーリックオイルを塗ってトーストしたバゲットを添えて。

使った器はこちら → ミルヒ 4'ボウル(フェルト白)11.0×13.0cm、高さ6.5cm、ミルヒ ランチプレート(フェルト灰)直径29.5×17.5cm(ともに4TH-MARKET)

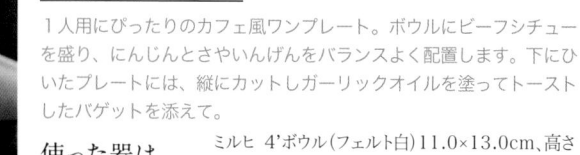

お皿の余白を生かして立体的に

ローストビーフ

ソースを上からかけるのではなく、肉の下にひくのがポイント。お皿の余白を生かしながら、肉と野菜を立体的に盛りつけることでスタイリッシュに。

盛りつけ方

1. お皿の真ん中に刷毛でソースをひく。

2. ベビーリーフ→ミニトマト→ローストビーフ→紅芯大根の順に盛る。

3. オリーブオイルをかける。エディブルフラワー（あれば）を添え、粗びき黒こしょうをふる。

盛りつけのポイント

Iラインに盛りつけ、余白は残すことが最大のポイント。肉と野菜は空気を含ませるように立体的に盛り、高さと動きを出して。

使った器はこちら

FOGプレート(アッシュホワイト)直径25.0cm／ぬくもりのある白で、フラットな面が使いやすい。(KINTO)

色鮮やかな野菜をバランスよく

酢鶏

メインとなる食材の位置を最初に決めたら、異なる具材をひとつずつ盛ることでバランスよく仕上がります。高さを出し、照りを加えてつやよく。

盛りつけ方

1. メイン具材の鶏肉を偏らないように盛る。

2. ブロッコリー、なす、赤パプリカ、じゃがいもをひとつずつ取り、鶏肉の間に置く。

3. 鍋に残ったたれを上からまわしかけ、白髪ねぎを添える。

盛りつけのポイント

メイン食材の鶏肉の位置を決めたら、そのほかの食材は交互に1個ずつ盛りつけて、高さを出していきます。

使った器はこちら

dishes plate200(pistachio green)直径20.0cm、高さ2.8cm／ピスタチオカラーが料理を華やかに演出。
(yumiko iihoshi porcelain)

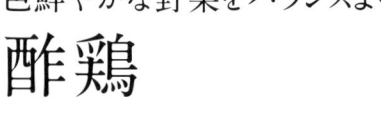

料理の下にパウダーをIライン状にひく

餃子

庶民的な中華料理・餃子をからすみパウダーとバルサミコクリームでいただくおしゃれな一品。
ワインを合わせれば、パーティーにもぴったりの素敵な前菜に早変わり。

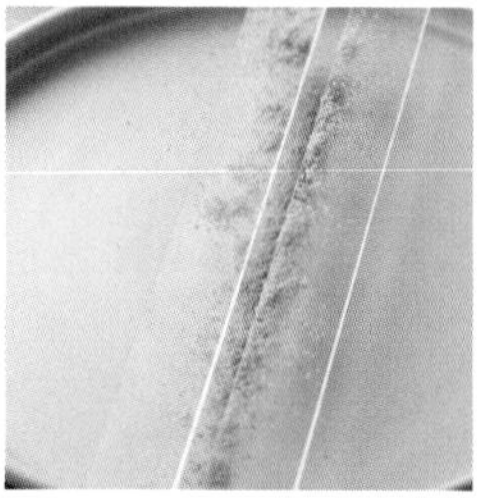

盛りつけのポイント

お皿の中央に定規を2本置き、1.0〜1.5cmの幅を空けてからすみパウダーをふります。ソースを食材の下にひくテクニックはパウダー状の調味料にも使えるので、ぜひ覚えて。

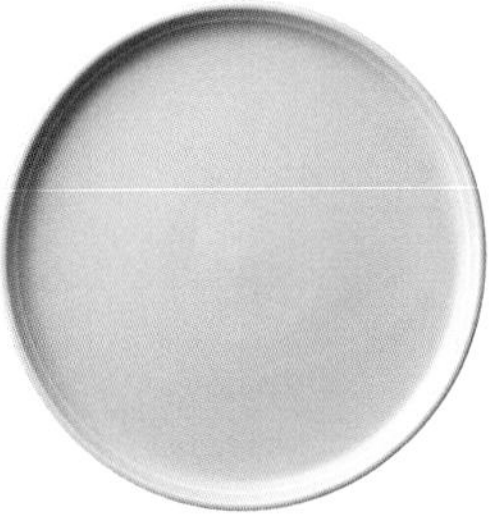

使った器はこちら

FOG プレート(アッシュホワイト)直径25.0cm／マットな質感の淡いホワイトの色味は、上にのせる食材を選びません。和洋中どんな料理にも合うので、1枚持っておくと便利。(KINTO)

盛りつけ方

1. お皿の中央に定規を2本置き、1.0〜1.5cmの幅を空けてからすみパウダーをふる。

2. からすみパウダーの上に餃子を縦に3個並べる。

3. 左側のスペースにバルサミコクリームを円を描くようにかけ、右側にラディッシュスプラウトを添える。

バリエーション

軽く塩をふったブロッコリースプラウトをお皿に敷き、その上に餃子を縦に4個並べます。上から食べるラー油をかけていただきます。

使った器はこちら → ソルベ オーバルプレート(緑)25.0×16.0cm、高さ2.4cm(4TH-MARKET)

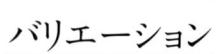

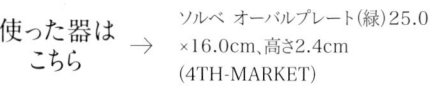

器を生かして盛りつけにひと工夫

和風ハンバーグ

器をななめに置いて料理をのせる技ありの盛りつけ方を伝授します。オーバル皿の形を生かし、変化を楽しむ盛りつけにチャレンジしてみましょう。

盛りつけ方

1. 器をななめに置き、奥にレタスとトレビスを盛る。

2. 手前に焼いたハンバーグを置く。

3. ヤングコーン、かぼちゃ、にんじんなどの焼き野菜を立体的に盛り、ハンバーグに大根おろしソースをかける。

盛りつけのポイント

提供する際は正体にしますが、盛りつけるときはお皿をななめに置くのが最大のポイント。オーバル形を生かした楽しい盛りつけです。

使った器はこちら

増渕篤宥 オーバル皿(深緑×アイボリー)28.7×21.0cm／定番の和食も遊び心のある雰囲気になります。(参考商品)

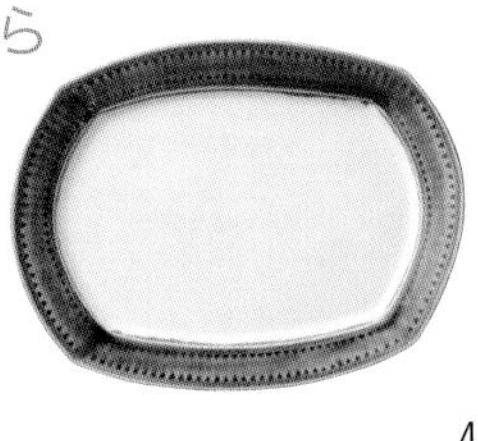

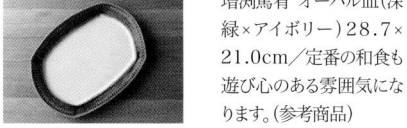

鍋の中身を器に再現するイメージで

肉じゃが

盛りつけルールの中でも重要度が高いのが、「鍋の中身を器に再現する」こと。さまざまな食材を一緒に煮る肉じゃがも、このルールで。

盛りつけ方

1. 食材の中でもっともサイズが大きいじゃがいもを最初に盛る。

2. じゃがいもの隙間ににんじん、玉ねぎ、牛肉を盛る。続いて、しらたきをバランスよく盛る。

3. 鍋に煮汁が残っていたら、肉じゃがにまわしかける。最後にななめ切りにしたさやいんげんを上に添える。

盛りつけのポイント

鍋の中身を器に再現するイメージで、食材が偏らないように盛りつけます。大きな食材→中くらいの食材→小さめの食材が鉄則！

使った器はこちら

大沼道行 深皿 豆柄(黒×白)直径18.0cm、高さ6.0cm／黒地×ドット柄で地味になりがちな煮物も印象アップ。(参考商品)

天紙の折り方を覚えて

天ぷら

メインにしたい具材が中央になることを想定して土台を決めましょう。また、天紙は慶事と弔事で折り方が異なるので注意して。

盛りつけ方

1. 土台となるイカとなすの天ぷらをお皿の右奥に盛る。

2. メインとなるエビの天ぷらを1に立てかけるようにして中央に盛る。

3. かぼちゃの天ぷらをエビの左に、青じその天ぷらを左手前に盛る。大根おろしを天紙にかからないよう右手前に置く。

盛りつけのポイント

天ぷらの天紙は、慶事の場合は写真のように左側の角を高く折ります。弔事はこの逆で右側が高くなるので、間違えないよう注意を。

使った器はこちら

黒陶石目 四ツ足角皿 21.5×21.5cm、高さ2.5cm／脚つきで、いつもの料理がクラス感のある雰囲気に。(studio m'／マルミツポテリ)

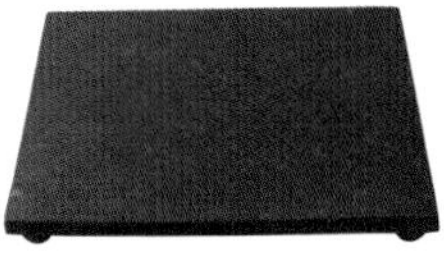

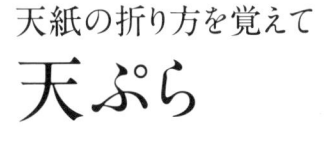

定番料理をルール化して美しく

肉野菜炒め

定番家庭料理でも、意外と盛りつけるのがむずかしい肉野菜炒め。具材がバラバラしがちな炒め物は、オーバル形の器に盛るとまとまりが。

盛りつけ方

1. 4〜5cm角に切ったキャベツをお皿にランダムに盛り、その間に細切りにしたにんじんとピーマンを盛る。

2. 野菜と野菜の間に豚肉を配置する。

3. 高さを出しながら、具材を彩りのバランスを見ながら盛る。

盛りつけのポイント

芯付近のキャベツを盛り、土台にします。最初に土台を作っておくことで、高さと立体感が出て、具材が沈まない効果があります。

使った器はこちら

龍鳳社 楕円皿(藍×白)
26.0×18.0cm／白×藍色のお皿の中央に鳳凰と龍が描かれた中華らしい小判皿。(参考商品)

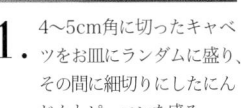

パーティー料理を盛り上げる一品

アクアパッツァ

タイをまるごと1尾使い、鮮やかな野菜が華やかなおもてなし料理は、赤や黄色、緑の野菜を彩りよくレイアウトしてください。魚はタイのほか、スズキやサワラ、タラなどもおすすめ。

盛りつけのポイント

盛りつけた魚に煮汁をまわしかけます。旨みたっぷりの汁をしっかり魚にまとわせることで、しっとりつややかに仕上がります。料理のしずる感は、盛りつけにおける最大のポイントです。

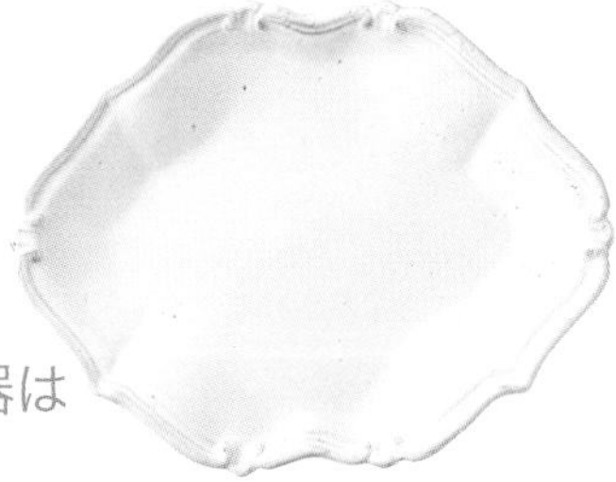

使った器はこちら

Astier de Villatte Regence オーバルプレート(白) 33.0×25.0cm／横幅が30cm以上あるので、パーティーなどにぴったり。やや深さもあり、汁気のある料理を盛りつけるときに重宝します。(参考商品)

盛りつけ方

1. 緑・黄ズッキーニ、赤・黄パプリカをお皿に偏らないように盛る。

2. 1の野菜の上に魚を盛る。残りの野菜とミニトマト、アサリを盛る。

3. ブラックオリーブを散らし、煮汁をかける。魚の上にフェンネルをたっぷりと添える。

バリエーション

切り身を使った1人分の盛りつけをご紹介。タイをお皿の中央に盛り、ズッキーニ、赤・黄のミニトマト、アサリ、ブラックオリーブを並べたら、煮汁をまわしかけ、粗びき黒こしょうと刻みパセリで仕上げましょう。

使った器はこちら → SHIONARI plate(white)24.5×22.0cm (yumiko iihoshi porcelain)

まずは3種盛りの基本を覚えて

刺身の盛り合わせ

刺身の盛り合わせは、食べる順番に沿って盛りつけるのが基本のルール。
また、和食における盛り合わせは3枚、5枚、7枚……と奇数にするのがお約束です。

盛りつけのポイント

いちばん最初に食べる白身の魚介が左手前にくることを想定し、奥から手前にジグザグに並ぶように盛りつけていきます。大根のけんや青じそなどのあしらいも重要アイテムです。

使った器はこちら

ヴィーヴォ プレート(ライトグレー)直径24.2cm／落ち着いた色味と質感で和食とのなじみもよく、モダンな印象に仕上げてくれる器。(sobokai／マルミツポテリ)

盛りつけ方

1. お皿に対して軸が右手前、葉先が左奥になるように笹を置く。お皿の奥に大根のけんを盛り、青じそを置く。

2. 青じその前にまぐろを盛る。その右前に大根のけんときゅうりを盛り、サーモンとレモンスライスを置く。その左前に大根のけんと海藻を盛り、ほたて貝柱を置く。

3. 右手前にわさびと紅たでを添え、中央に花穂じそを立てかける。空いているスペースに菊花を散らす。

バリエーション

1人用の盛り合わせはブリとイカの2種盛り。奥に大根のけんと青じそを置き、その前にブリを盛る。手前ににんじんのけんと海藻を置き、イカを盛り、紅たでを散らします。右手前に花穂じそとわさびを添えます。

使った器はこちら → 波雲 向付(白)20.5×14.3cm (sobokai／マルミツポテリ)

シンプルな焼き魚を攻略
アジの塩焼き

魚を1尾まるごと盛りつけるのは、お皿と料理とのバランスがとりづらく、意外とむずかしいもの。ここでは丸皿を使って、魚とあしらいのレイアウトを学びましょう。

盛りつけのポイント

シンプルな丸皿を使うときは、下に笹を敷くことでレイアウトのベースを作ります。笹は左奥に葉先がくるように置くのが和食のルール。あしらいは右手前に添えて。

使った器はこちら

HIBI 皿(灰)直径20.0cm／なめらかな質感と適度な厚みが品をもたらしてくれ、シンプルな魚料理を格上げしてくれます。(KINTO)

盛りつけ方

1. お皿に対して、葉先が左奥にくるように笹を置く。

2. 塩焼きにしたアジをお皿に対して平行に置く。このとき、頭は左、尾は右向きに。

3. 大根おろしとカットしたすだちを右手前に添える。

バリエーション

フレンチドレッシングで和えたブロッコリースプラウトをお皿にのせ、塩焼きにしたアジを盛ります。角切りにし、オリーブオイル、塩こしょうで和えたミニトマトときゅうりを上からかけ、スライスしたレモンをのせます。

使った器はこちら → トランキル プレートL(インディゴ)26.0×19.0cm(studio m'／マルミツポテリ)

魚料理のあしらいは右手前に

ブリの照り焼き

あしらいは右手前に置くのが、和食の煮魚・焼き魚における基本ルールです。茶色の魚の身に対して、緑のししとうを添えてさわやかに。

盛りつけ方

1. 照り焼きにしたブリをお皿の中央に盛る。

2. ブリの上にたれをかける。

3. お皿の右手前に焼いたししとうをずらし重ねて添える。

盛りつけのポイント

身がやわらかい魚料理は金属製のへらだと崩れてしまいがちなので、シリコンへらを使うといいでしょう。

使った器はこちら

HIBI 皿（レイ）直径20.5cm／白地に藍色のドローイングラインがフレッシュな印象の器。(KINTO)

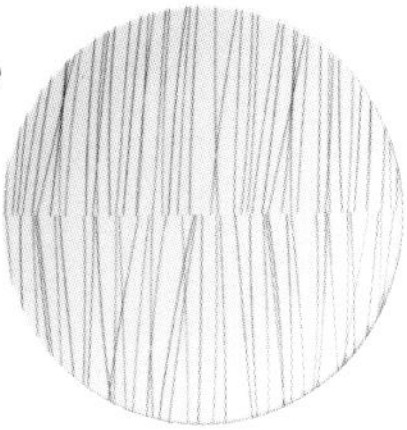

焼き目を引き立てるソーステク

鮭のムニエル

ピンク色が美しい鮭の身と、皮のパリパリ感を見せるため、あえてソースは下にひきます。香ばしく焼き目をつけたグリル野菜を添えて。

盛りつけ方

1. お皿の手前1／2に鮭のスペースをとり、奥にマッシュポテトを立体的に盛る。

2. まいたけ、ズッキーニなどの焼き野菜とトレビスをポテトの奥に盛る。レモンクリームソースを手前にひく。

3. ソースの上に鮭を盛り、奥にグリルしたレモンを添える。仕上げにパセリとパプリカパウダーをふる。

盛りつけのポイント

ソースを上からかけるのではなく、下にひいてから鮭をのせます。食材を際立たせたいときや、ボリュームを足したいときに効果的。

使った器はこちら

イポメア プレート 直径26.5cm／花のようなリムが料理に華やかさを添えてくれます。(sobokai／マルミツポテリ)

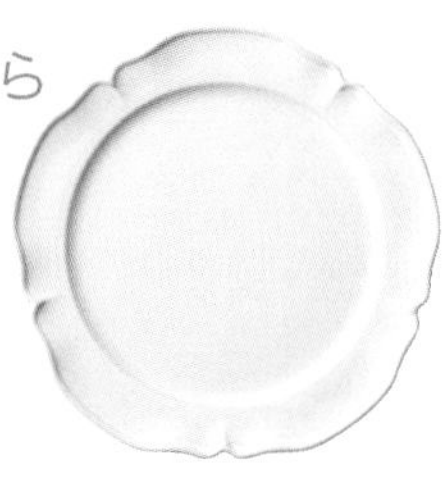

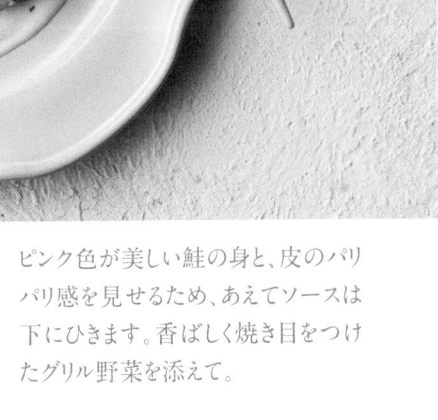

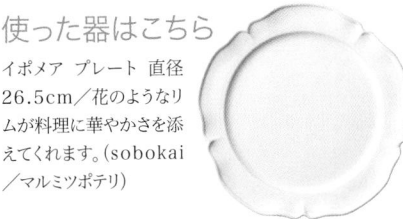

つやと立体感が成功のポイント

エビチリ

エビの赤とチンゲン菜の緑のコントラストが美しい中華の一品。シンプルな料理なので、エビもチンゲン菜もつやよく仕上げてしずる感を出しましょう。

盛りつけ方

1. チンゲン菜はゆで湯に油、塩を加えて色鮮やかにゆでて、水気を絞り、お皿の奥に盛る。

2. チンゲン菜の手前に、エビチリをややずらし重ねながら盛る。

盛りつけのポイント

エビをエビに立てかけるように盛りつけることで立体感を出します。鍋に残ったソースをかけてつやつやに仕上げましょう。

使った器はこちら

ガティ プレート（グリーン）直径 19.4cm／青磁が上品な八角皿。八角形の器を選ぶだけでぐっと中華らしさが。(studio m'／マルミツポテリ)

規則性のあるジグザグ盛りで美しく

アジの南蛮漬け

盛りつけのテクニックのひとつ、ジグザグ盛りは、規則性をもたせることで視覚的な心地よさを感じる効果が。漬け汁に使う野菜の彩りもポイント。

盛りつけ方

1. 器に野菜を敷き、奥からアジをジグザグとずらして交互に並べる。

2. 器の全面にアジを盛りつけ、漬け汁を上からかける。

3. 最後にパクチーを添える。

盛りつけのポイント

野菜はにんじんと玉ねぎと紫玉ねぎを使用。紫玉ねぎを加えることで彩りがぐっとよくなるので、ぜひ入れたいところ。

使った器はこちら

ミスカ オープンディッシュ（L）（白）23.0×15.0cm、高さ3.5cm ／スクエア型の深皿は汁気の多い料理に最適。（4TH-MARKET）

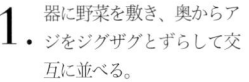

column 2

同じ食材・器でもBefore→Afterで劇的チェンジ!

盛りつけ方でこんなに変わる!

同じ食材、同じ器を使って、「盛りつけ方だけでこんなに変わる!」という例をBefore→Afterでご紹介。立体的な盛りつけや器の余白の使い方を少し意識するだけで、見違えるほど印象が変わります。どこが変わったかチェックして、日々の盛りつけに取り入れてください。

Before

天ぷら

形の異なる複数の食材を一緒に盛りつける天ぷらは、実は難易度が高い料理。エビ、イカ、なす、かぼちゃ、青じその5品盛りの天ぷらを使って、お店で出されるような美しい盛り合わせを作ります。

After

お皿全体としてまとまりに欠けるBeforeに対し、Afterでは、メインのエビが中央になることを想定し、イカとなすを右奥に置いて土台にし、コンパクトにまとめています。エビはイカとなすに立てかけることで高さと立体感が出ます。また、天紙を敷くことでぐっとプロっぽい仕上がりに。

Before

サラダ

葉物野菜だけの究極にシンプルなサラダは、シンプルゆえにプロの料理家と一般家庭との差が出やすい料理です。ラグジュアリーホテルのメインダイニングで出されるサラダの盛りつけを目指して！

After

Beforeはレタスの茎やトレビスの白い部分が目立っています。野菜がパサついているのもNG。対してAfterは鮮やかな緑と紫がバランスよく配置され、高さもあります。ドレッシングがまんべんなくからんでいるので、リーフはしっとりつややか。

column 2

Before

野菜のグリル

色とりどりの鮮やかな食材が食卓を盛り上げてくれるグリル野菜ですが、天ぷら同様、異なる大きさのものを一緒に盛りつけるむずかしさがあります。カフェやダイナーのようなおしゃれな盛りつけにチャレンジ！

After

斬新なように見えて、やはり並べただけの平坦な盛りつけになってしまっているBefore。Afterでは、器の余白を生かして右側2／3に野菜を盛り、左手前にディップを添えることで、こなれ感がアップ。また、ドライハーブを散らし、オイルをまわしかけることでしずる感も。

Part 3

サラダ・総菜の盛りつけ方

毎日の献立に欠かせない、サラダと総菜。
メインディッシュの添え物ではありますが、
食事のアクセントになったり、
箸休めになったりする名脇役です。
また、野菜を使った料理が多いので、
彩りやつや感、フォルムという面で
とても重要なひと皿です。

サラダの基本の盛りつけ方

緑が濃く鮮やかで、やわらかそうな葉先部分が表にくるように盛りつけます。また、野菜が沈まないよう底のほうには芯に近い部分を置いて土台にします。

彩りのポイントとなるトレビスが1箇所に偏らないようにバランスよく配置します。やわらかく色のきれいな部分を表面に。

上から見たときに正円に、横から見たときに山のようになるよう、丸くこんもり立体的に盛りつけます。

プレート 直径21.0cm
（参考商品）

基本の盛りつけ方

1

レタスとトレビスを手でちぎり、冷水に10分ほどつける。

2

サラダスピナーで野菜をしっかり水切りする。

3

野菜を保存容器に入れて、冷蔵庫で冷やす。このとき、水で湿らしたキッチンペーパーをかぶせ、野菜が乾燥しないようにする。

4

ボウルに野菜を入れ、ボウルの側面にオリーブオイルをまわしかけ、手でふんわりと混ぜ合わせる。野菜の高さを出してお皿に盛る。

野菜に直接オイルをかけると野菜が沈んでしまうので、必ずこの方法で。同様の方法でビネガー（ドレッシングの場合も同じに）をまわしかけ、混ぜ合わせる。最後に塩を全体にふり、両手で大きく混ぜ合わせる。

下準備の手間を惜しまず美しいサラダに

シンプルなサラダこそ、実は盛りつけ方ひとつで差が出ます。

野菜が適度に冷やされ、みずみずしさがあり、まんべんなくドレッシングをまとい、なおかつふわっと立体的に盛りつけられたサラダは、それだけで珠玉のひと皿になり得るものです。

そのため、上で紹介しているように、浸水と水切りをしっかりし、冷蔵庫で保湿しながら冷やすという下準備の手間を惜しまず、野菜全体にオイルとビネガーと塩が行きわたるようにすることが大切。また、空気を含ませるようにしてふわっと盛り、それぞれの野菜がバランスよく配置されるようにします。上から見たときに正円、横から見たときに山型になっていれば、ホテルのダイニングで提供されるサラダにも匹敵する仕上がりに。

総菜の基本の盛りつけ方

色味の地味な総菜には鮮やかなトッピングで彩りをプラスしましょう。スナップエンドウのほか、絹さややかいわれ大根などでもOKです。

和え物などの総菜の基本の盛りつけ方は円すい形。上から見たときに正円に、横から見たときに円すい状になっていることを意識しましょう。

どこから箸をつけても具材がまんべんなく取れるよう、具材が偏らないようバランスよく配置してください。

ブリランテ 115 ボウル(鉄赤)直径11.6cm、高さ6.3cm(sobokai／マルミツポテリ)

基本の盛りつけ方

1

土台になるようにひじきを器に平らに盛る。

2

上から見たときに正円に、横から見たときに円すい状になるように盛る。

3

ななめ細切りにしたスナップエンドウを添える。

上から見ると正円になっています。

積み重ねても、上から見ると正円になっています。

まんべんなく具材が合わさり、美しい円すい状に盛りつける

献立の中で添え物的な役割として扱われがちな総菜ですが、この一品があることで食卓はぐっと豊かなものになるので、美しい盛りつけを心がけましょう。

ここで紹介しているひじきの煮物のほかに、切り干し大根の煮物、きゅうりとわかめの酢の物、ほうれん草とにんじんのごま和え、もやしと小松菜のナムルなどは、細かく切った複数の具材を和えて器に盛りつけるので、まんべんなく具材が盛りつけられていることが必須ポイント。まんべんなく具材が合わさった総菜は、どこから箸をつけてもさまざまな具材に当たるので、おいしくいただけるという観点からも重要です。

そして仕上がりが、上から見たときに正円に、横から見たときに円すい状になっていることを確認しましょう。

基本のシンプルサラダを極上の盛りつけに

グリーンサラダ

緑の野菜を中心にしたシンプルなグリーンサラダは、
パリッとした野菜の食感と全体に行きわたった味つけが重要です。

盛りつけのポイント

専用のチーズスライサーを使うと、硬いチーズを均等に薄く削れます。軽やかなチーズの食感は葉物野菜とのなじみもよく、シンプルなグリーンサラダに味の奥行きをもたらします。

使った器はこちら

CLK-151ディーププレート（ホワイト）直径21.0cm、高さ3.5cm／やや深さのあるサラダボウル。プレーンな白がサラダのフレッシュ感をさらに引き立ててくれます。（参考商品）

盛りつけ方

1. 薄くスライスしたマッシュルームはバルサミコ酢で下味をつける。

2. 「サラダの基本の盛りつけ方」で紹介した方法（67ページ／盛りつけ方1〜4）でレタスとトレビスを調味する。

3. 器に2のレタスとトレビスを盛り、1のマッシュルームを全体に散らす。

4. 削ったパルメザンチーズを散らす。

5. 粗びき黒こしょうをふる。

ソースとオイルで食材を演出

カプレーゼ

赤と白のコントラストが美しいカプレーゼは、バジルソースを下にひき、
オリーブオイルを上にかけて、しずる感のある盛りつけに。

盛りつけのポイント

一般的なカプレーゼとは趣向を変えて、最初にバジルソースをお皿に塗るところからスタート。見た目の楽しさはもちろんのこと、ソースを下に塗ることで食材全体に味つけする効果もあります。

使った器はこちら

ヴィーヴォ　240プレート（ライトグレー）直径24.2cm／マットな質感とフラットな形状は、ソース使いを見せたい料理におすすめです。（sobokai／マルミツポテリ）

盛りつけ方

1. お皿にスプーンでバジルソースを丸く塗る。

2. 8等分にくし形切りにしたモッツァレラチーズと輪切りにしたトマトを、交互に立てかけるようにして円状に並べる。

3. 塩、粗びき黒こしょうをふりオリーブオイルを全体にまわしかけ、中心にバジルの葉を飾る。

バリエーション

オリーブオイルとドライバジルでマリネしたミニトマトを器の奥に盛り、手前にスライスしたモッツァレラチーズを並べ、エキストラバージンオリーブオイルをかけます。パクチーを添えてアジアンテイストでいただきます。

使った器はこちら → 平深皿 直径19.0cm、高さ4.2cm（参考商品）

大人のフルーツ&チーズサラダ

生ハムとメロンのサラダ

シャープにカットしたメロン、手でランダムにちぎった生ハムとチーズ、野菜とソースという形状の異なる食材で動きを出すことで、楽しい盛りつけが完成します。

盛りつけ方

1. お皿にルッコラを敷く。

2. 8等分にしたメロンを半分に切り、風車状に並べる。生ハムとちぎったカマンベールチーズをのせる。

3. 粗びき黒こしょうをふり、バルサミコクリームをかける。

盛りつけのポイント

カットしたメロン3個を風車状に3方向に並べることで、盛りつけに規則性をもたらし、まとまり感が出ます。

使った器はこちら

CLK-151プレート(ブラック)直径25.0cm／食材とのコントラストを楽しめるシックなディナープレート。(KINTO)

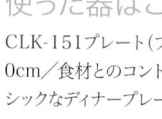

口当たりもビジュアルも軽やか

いちごとトマトとマスカルポーネのサラダ

マスカルポーネチーズとフルーツ&トマトで作るフルーティーでジューシーなサラダ。鮮やかな彩りで軽快な口あたりを表現。

盛りつけ方

1. スプーンでクープ状にしたマスカルポーネチーズをお皿の中央に盛る。

2. 半分にカットしたいちごと赤・黄ミニトマトをオリーブオイルと塩、粗びき黒こしょうでマリネし、チーズのまわりに盛る。

3. オリーブオイルをまわしかけ、レモンの皮を削って散らし、ミントを添える。

盛りつけのポイント

ディナースプーン２本でマスカルポーネチーズを楕円形のクープ状に成形します。

使った器はこちら

プレート（直径21.0cm）／ブルーのリムが料理を引き立ててくれます。（参考商品）

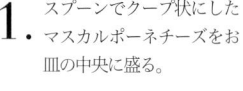

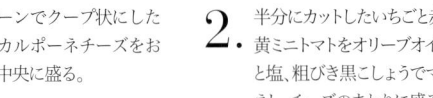

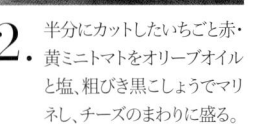

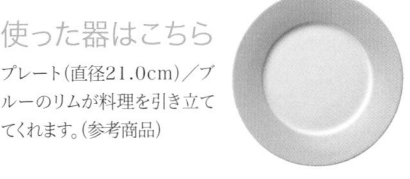

しずる感いっぱいのサラダ

シーザーサラダ

たっぷりのトッピングが食欲をそそるサラダ。葉物野菜で高さを出しながら、各層にドレッシングを忍ばせることで食べ飽きない工夫を。

盛りつけ方

1. 器にケール、ルッコラをひとつかみ入れる。

2. 1の上にベーコンをのせ、ドレッシングをかける。これをあと2回繰り返す。

3. 真ん中に温泉卵をのせ、クルトンを手で割って盛りつける。パルメザンチーズを削り、粗びき黒こしょう、パプリカパウダーをふる。

盛りつけのポイント

深さのある器の1層目にも2層目にもドレッシングをかけることで、どこを取ってもおいしくいただけます。

使った器はこちら

クラウド高台5寸皿(白)直径14.4cm、高さ9cm／高台があるので特別感が。(sobokai／マルミツポテリ)

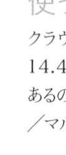

梅ソースの赤がアクセント

ポテトサラダ

いつものポテトサラダが、ソース使いと半熟卵でスペシャル感のある一品になります。梅ソースは彩りと味わいの両方でアクセントになってくれます。

盛りつけ方

1. お皿にポテトサラダをこんもりと盛る。

2. 梅ソースをかける。

3. 半分に切った半熟卵を上にのせる。小口切りにしたわけぎを散らす。

盛りつけのポイント

梅ソースをポテトサラダの上から左手前に流すようにかけることで、印象度アップ。特別感のある一品にします。

使った器はこちら

アメ釉輪花７寸皿 直径21.5cm、高さ2.5cm／独特の雰囲気のある平皿。厚みがあり、重厚感があるため、料理に特別感が出ます。(参考商品)

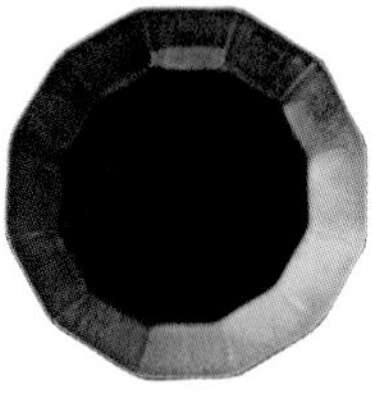

グラス使いで華やか&スタイリッシュに

マグロとトマトのポキ風サラダ

ハワイの定番料理・ポキをグラスを使ってカクテルサラダ風にアレンジ。
ワイングラスに盛りつけて、サラダの清涼感とともにモダンに仕上げます。

盛りつけのポイント

フルーツトマトを輪切りと半月切りの２つの切り方でカットします。丸い面と半月面が混在することで、視覚的な変化とともに、自然な立体感が生まれます。食感にも変化が生まれ、最後まで飽きずにいただけます。

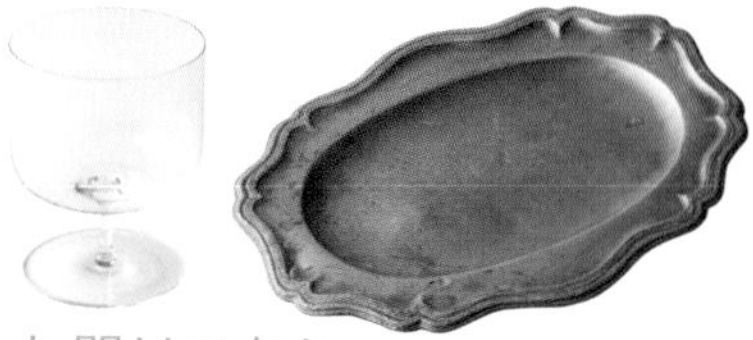

使った器はこちら

crystalin coupe L 直径8.0cm、高さ10.0cm／ステムが低く、ワインなどドリンクのほか、料理やスイーツなどにも使え、応用範囲が広がるグラスです。(yumiko iihoshi porcelain)　ピューターオーバルプレート 26.0×20.0cm／アンティークならではの重厚感と花リムの華やかさが落ち着いた雰囲気に。(参考商品)

盛りつけ方

1. フルーツトマトは輪切りと半月切りに、紫玉ねぎは薄切りに、マグロは2〜2.5cmの角切りにし、ごま油、白だし、おろしにんにくで和える。グラスに盛る。

2. 輪切りにしたトマトを下に、半月切りにしたトマトとマグロを上に飾るように盛り、バランスを整える。

3. 上から和えた際のたれをかける。白ごま、エディブルフラワーをのせて、仕上げにグラスの縁にチャイブを差す。

ボリューム満点の具を整然と

具だくさんサラダ

野菜がたっぷり摂れる具だくさんサラダは、ボリューム感が出るように器いっぱいに盛って、お好みのドレッシングでどうぞ。

盛りつけ方

1. レタスなどの葉物野菜をお皿の縁に少しかかるように円形に盛る。

2. コーンと角切りきゅうりを器の奥のスペースに1／2ずつ盛る。

3. 角切りサラダチキン、輪切りオリーブ、角切りトマトを1／3ずつ盛り、色紙切りにした紫キャベツを盛る。

盛りつけのポイント

具の多いサラダは重みで沈みがちなので、最初にレタスの芯に近い部分を盛って土台にすることで、時間が経っても高さを保てます。

使った器はこちら

CLK-151ディーププレート(ホワイト)直径21.0cm、高さ3.5cm／白くすっきりとした印象のプレートが個性的なサラダと好相性です。(KINTO)

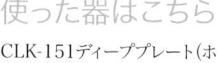

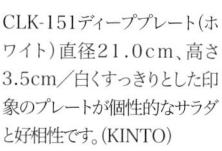

食材ごとに盛りつけて美しく

炊き合わせ

炊き合わせは食材ごとに別々に煮て、器の中で合わせるもの。筑前煮などとは違い、食材ごとにまとめて盛りつけるのが最大のポイントです。

盛りつけ方

1. 器の奥に高野豆腐4つを重ねて盛りつけ、土台にする。

2. 高野豆腐に立てかけるようにして、がんも、たけのこ、ふき、にんじんを盛る。

3. 煮汁をかけ、きぬさやを添える。

盛りつけのポイント

いちばん大きな具材を土台にすることで、そのあとの盛りつけが決まります。具材は、大きいものを奥に小さいものを手前に置きます。

使った器はこちら

ニコ 八角鉢(乳濁釉)直径15.5cm、高さ5.1cm／だしの色が映えるよう、やさしい印象の器をセレクト。(studio m'／マルミツポテリ)

豆腐の白いキャンバスに薬味が映える

冷ややっこ

シンプルの極みともいうべき冷ややっこですが、薬味の盛り方で差がつきます。青じそを敷き、みょうが、小ねぎ、おろししょうがを添えることで凛とした美しさに。

盛りつけのポイント

豆腐に対して青じそを左手前の向きに置くのがポイントです。青じその葉先が左手前にちらりと見え、豆腐の白にグリーンが効果的に映えます。豆腐は美しくカットしましょう。

使った器はこちら

RIM プレート(アースグレー)直径11.5cm／淡いグレーが美しい小皿。クリーンなフォルムで品のある質感。シンプルな料理こそ質感を重視した器選びで料理を格上げしましょう。(KINTO)

盛りつけ方

1. お皿に青じそを左手前を向くように敷く。

2. 豆腐をお皿の中央にななめに置く。

3. 小口切りにしたみょうが、小口切りの小ねぎ、おろししょうがを豆腐にのせる。

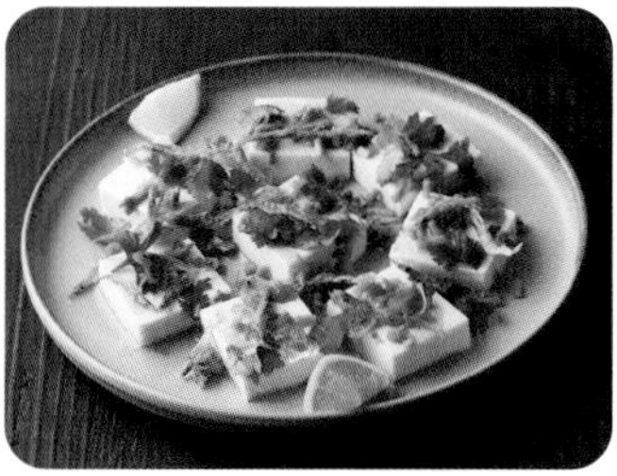

バリエーション

淡白な豆腐はエスニック風の冷ややっこにしても。約4cm角×約1.5cm厚さに切った豆腐を平皿に並べ、粗みじん切りにしたザーサイ、桜エビ、小ねぎ、パクチーを散らします。ごま油をまわしかけ、お好みでレモンを絞れば、夏にぴったりの一品が完成。

使った器はこちら → CLK-151プレート(ピンク)直径25.0cm(KINTO)

青菜の長さは器の直径の2／3に

ほうれん草のおひたし

ふだん、なにげなく盛っている青菜のおひたしも、青菜の長さをルール化することで盛りつけが洗練されます。いくらでポイントを作ることでおもてなし料理にも。

盛りつけ方

1. ほうれん草のおひたしを器に盛る。このとき、にんじんを加えると彩りが美しい。

2. 具材の高さは器のおよそ1.25倍を目安にして盛る。

3. いくらを添える。

盛りつけのポイント

ほうれん草の長さを器の直径のおよそ2／3にカットすることで、盛りつけやすくなります。

使った器はこちら

SHIONARI almond dish(white・gray)9.3×9.2cm、高さ3.6cm／繊細なカーブがシンプルな料理にニュアンスをプラス。(yumiko iihoshi porcelain)

余白を生かして山高に盛りつけ

根菜のごまマヨ和え

2人分の盛りつけは、取り分けやすいように口の広い鉢を選びましょう。器の余白を1／3ほど残しながら丸く盛り、器に対して4／3の高さになるように積むことで形が決まります。

盛りつけ方

1. ごぼうなどの根菜が入ったサラダを器にこんもりと盛る。

2. 残った和えだれを具材にかける。

3. 薄くスライスした紫玉ねぎを真ん中に添える。

盛りつけのポイント

上から見たときに正円に、横から見たときに山型になっていることが大切。

使った器はこちら

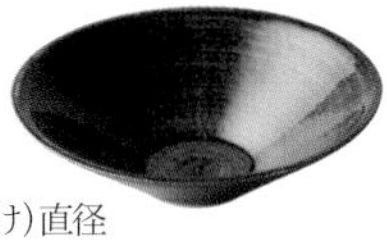

フォルクローレ 6寸鉢(藍染付け)直径18.8cm、高さ5.5cm／料理のごちゃつき感を抑え、品よくまとめてくれます。(sobokai／マルミツポテリ)

グリル野菜をずらし重ねて

野菜のグリル

形の異なる野菜をひと皿に盛りつけるのは、意外とむずかしいもの。余白を生かしメリハリをつけ、ずらし重ねることでまとまりよく仕上げます。

盛りつけ方

1. にんじん、かぼちゃ、紫玉ねぎ、かぶ、緑・黄ズッキーニをそれぞれ写真のように切ってグリルパンで焼き、お皿の右2／3ほどに盛る。

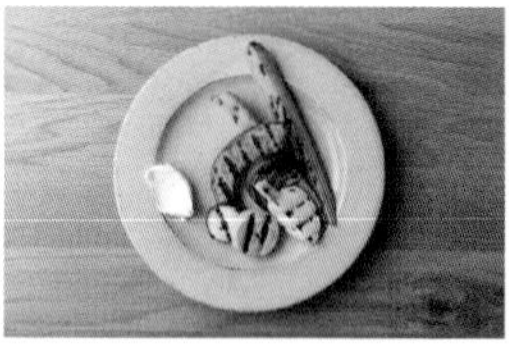

2. サワークリームにきざみパセリを混ぜ、野菜の横に添える。

3. 塩をふり、オリーブオイルをかける。ピンクペッパーと刻みパセリをふる。

盛りつけのポイント

野菜の切り方に変化をつけることで、盛りつけに立体感が生まれます。グリルパンで焼き目をつけて香ばしく。

使った器はこちら

平皿 直径22.0cm／ナチュラルなイエローの平皿は、厚みがあるので、ほっこりとした料理にマッチ。(参考商品)

カジュアルでダイナミックに

フライドポテト

大人数でフライドポテトをシェアできるよう、山盛りに盛りつけました。料理のトーンに合わせ、カジュアルでダイナミックなイメージに仕上げます。

盛りつけ方

1. フライドポテトを器に盛る。

2. 山盛りになるまで盛る。

3. パルメザンチーズを削り、刻みパセリ、パプリカパウダーをふる。

盛りつけのポイント

ポテトはきれいに盛ろうとすると沈んでしまいがちなので、空気を含ませるようにランダムに重ねながら盛りつけます。

使った器はこちら

クラウド高台皿（白）直径14.4cm、高さ9cm／カジュアルなシーンにもぴったりのボリューム感のある器。(sobokai／マルミツポテリ)

column
3

形状の異なる4つのスープはどう盛りつける？

スープ・吸い物の盛りつけ方

シンプルなコンソメスープやポタージュスープ、具材たっぷりのおかずスープ、夏にいただきたい冷製スープ、和食の味噌汁、吸い物まで、形状も見た目もさまざまな汁物。これら汁物の盛りつけ方を覚えて、食卓をもっと充実させましょう。

かぼちゃのポタージュの盛りつけ方

かぼちゃの鮮やかなイエローを引き立てるため、ここでは白のスープボウルを選びました。また、ぽってりとしたフォルムは、とろりとした濃度のあるスープとも好相性。仕上げに生クリームをまわしかけ、中央にかぼちゃの種を浮かべれば、ほっこりかわいらしい一品の完成です。

使った器はこちら

ミルヒ 4’ボウル(フェルト白)13.0×11.0cm、高さ6.5cm(4TH-MARKET)

コンソメスープの盛りつけ方

透き通った琥珀色のコンソメスープは、フランス語で「完成された」という意味をもつのもうなずける美しい一品です。そんな伝統的なスープには、スープの透明感が引き立つ白い器を合わせます。いただく直前にクルトンを浮かべ、パセリを散らします。

使った器はこちら

ブリュロ ブルーライン 14.5×11.7cm、高さ8.7cm（studio m'／マルミツポテリ）

鶏肉とゴロゴロ野菜のトマトスープの盛りつけ方

鶏肉とズッキーニ、玉ねぎ、赤・黄パプリカ、にんじんをトマトソースで煮込んだ具だくさんスープ。大きめにカットしたゴロゴロ野菜を見せるため、面の広いスーププレートに盛りつけましょう。具材の切り方を変えることで、盛りつけに自然な立体感が生まれます。

使った器はこちら

レコルテ 230プレート（オリーブ）直径22.5cm、高さ4.0cm（studio m'／マルミツポテリ）

column 3

ガスパチョの盛りつけ方

トマトやピーマン、きゅうり、玉ねぎなどににんにく、酢、オリーブオイルを加えてミキサーで撹拌して作るスペイン発祥の冷製スープ、ガスパチョ。夏のスープらしくガラスのカップ＆ソーサーで涼しげに盛りつけます。刻んだきゅうりと紫玉ねぎを中央に浮かべ、相性のいいディルを添えて風味をプラスします。最後にオリーブオイルをまわしかけて。

使った器はこちら

スープカップ 15.0×10.8cm、高さ5.2cm
スープソーサー 直径14.8cm（ともに参考商品）

ハモと冬瓜の吸い物の盛りつけ方

椀種（メインとなる具材／ここではハモ）を中央奥に置き、椀づま（旬の野菜など／ここでは冬瓜）を右手前に添え、吸地（すいじ〈汁〉）を静かに注ぎます。そこに吸い口（あしらい／ここでは青ゆず）を上に飾ります。季節ごとに旬の素材を選び、それぞれの組み合わせも楽しんでみましょう。

使った器はこちら

安比塗漆器工房溜漆 汁椀（高台・渕・赤茶）
直径12.0cm、高さ7.1cm（参考商品）

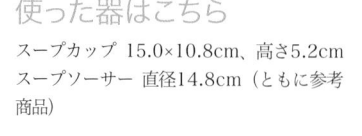

Part 4

主食の盛りつけ方

ちらし寿司やオムライスなどのごはんもの、
パスタやそばなどの麺類、そしてパンまで、
主食はそれだけで大満足のひと皿です。
家庭で人気の高いスタンダードなメニューが
おもてなしのシーンでも提供できるほど
おしゃれに、華やかにグレードアップする
とっておきの盛りつけテクニックをお教えします。

黄・赤・緑の配色で気持ちが華やぐ

ちらし寿司

お祝いの席で出すと一気に華やかになるちらし寿司。
ポイントは、黄色の卵、赤のエビといくら、緑のスナップエンドウの配色です。

盛りつけのポイント

黄色の錦糸卵で土台となるキャンバスを作るところからスタートします。卵はこし器でこしてなめらかにすると仕上がりがきれい。いくらは少しずつ取り、5箇所ほどに分けて置いていきましょう。

使った器はこちら

ReIRABO round plate(winter night gray)
直径21.5cm／ちらし寿司は平皿に盛ると平坦になりがち。リムに立ち上がりのある器を選ぶとバランスが◎。(yumiko iihoshi porcelain)

盛りつけ方

1. 酢飯をお皿に盛る。お皿の縁から約2cmのスペースを空けて丸く盛りつける。

2. 錦糸卵をまんべんなく酢飯の上に広げる。

3. いちょう切りにしたれんこんを偏りなくバランスよくのせる。

4. ゆでたエビ4尾を全体的にバランスよくのせる。

5. れんこんの上にかぶるように、いくらをティースプーンでのせる。

6. ななめせん切りにしたスナップエンドウをバランスよく盛りつける。

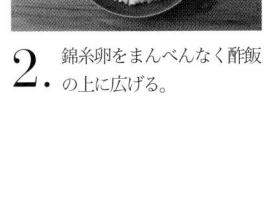

具材を見せることで華やかに

オープンいなり

手軽につまめるフィンガーフードとして人気の高いいなり寿司は、油揚げを開いて食材を見せることで、おもてなしにもなります。

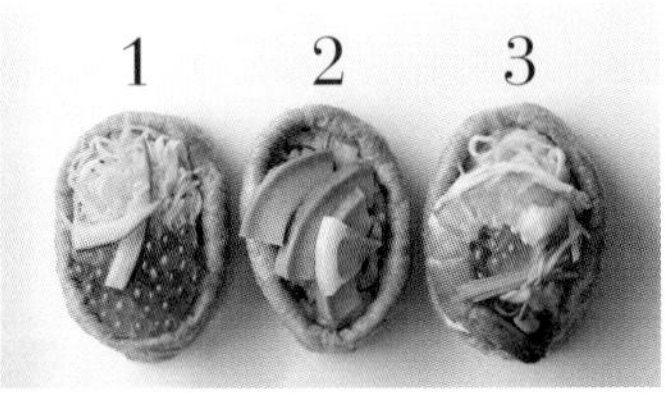

盛りつけのポイント

いなり寿司単品がそれぞれ美しく完成しており、なおかつ、3つのいなり寿司のバランスもとれているのが理想です。そのためには、使う色を3色にとどめておくとまとまりよく仕上がります。

使った器はこちら

加藤かずみ プレート 直径20.5cm／なめらかでマットな質感は、普段着の料理に優雅なエッセンスを加えてくれます。(参考商品)

盛りつけ方

1-1. 油揚げに酢飯を詰め、奥側半分に錦糸卵をのせる。

1-2. 手前側半分にいくらをのせる。仕上げにスライスしたきゅうりを添える。

2-1. 紅たでを混ぜた酢飯を油揚げに詰める。

2-2. いなり寿司の上に薄くスライスしたアボカドをずらして並べ、薄切りにしたレモンを添える。

3-1. 油揚げに酢飯を詰め、錦糸卵を広げる。

3-2. 錦糸卵の上にゆでたエビ1尾をのせ、いくらをのせる。ラディッシュスプラウトを手前に添える。

卵の存在感と余白のコントラストを生かす

オムライス

卵でチキンライスをくるむのではなく、オムレツをチキンライスの上にのせる変化球スタイル。卵とチキンライスの両方のおいしさを存分に味わえます。

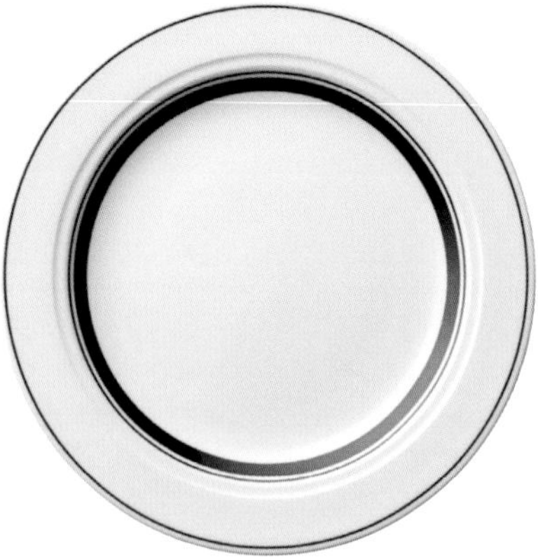

盛りつけのポイント

チキンライスは専用の型がなくても、上からラップで覆い、手で成型すれば簡単にきれいな形が作れます。両手でオムライスをはさむようにし、美しい楕円形にしましょう。

使った器はこちら

ディナープレート(白)直径25.3cm／ややアイボリーがかった白地に、リムにひかれたブルーラインがチキンライスの赤と卵の黄色を引き立てます。洋食にぴったりのスタンダードなプレート。(参考商品)

盛りつけ方

1. チキンライスを器の中央に楕円形になるように盛る。

2. オムレツを作り、チキンライスの上にのせる。

3. オムレツの上にトマトケチャップをジグザグにかける。奥に3～4cm長さにカットしたパクチーを添え、手前に粗びき黒こしょうを添える。

視覚と食感を刺激する焼き&生野菜

スパイスカレー

ライス、ルウ、そしてグリルした野菜とフレッシュ野菜のさまざまなカラーが
ひと皿に凝縮した、ワクワクするような盛りつけ。

盛りつけのポイント

焼き野菜と生野菜をたっぷり盛りつけ、まず視覚面での質感の違いを見せます。食べたときに食感の違いも感じられるので、飽きることなくいただけます。夏らしいレモンライスのイエローもポイント。

使った器はこちら

OXYMORON plate L 直径27.0cm／陶器と磁器の素材を使って作られた半磁器の器。独特の質感と風合いが特徴です。彩り豊かな料理を引き締める効果も。(yumiko iihoshi porcelain)

盛りつけ方

1. レモンライスをお皿のやや左奥側に盛る。

2. 手前に鶏肉をバランスよく並べる。

3. 手前にルウをかける。

4. かぼちゃ、なす、ズッキーニ、赤・黄パプリカ、ヤングコーンなどの焼き野菜を右側に盛る。ごはんに立てかけるようにして、バランスよくのせる。

5. レタス、トレビスなどの生野菜とディルなどのハーブを左側にふんわりとトッピングする。

懐かしい鉄皿スタイルでアレンジ

ナポリタン

人気のナポリタンをステーキ用の鉄皿でいただきます。洋食店や喫茶店のスタイルでいただくナポリタンは、下に敷いた卵のイエローが目にも鮮やかです。

盛りつけのポイント

ステーキ用の鉄皿をナポリタンの器に使うことが最大のポイント。熱々の状態でナポリタンをいただけ、鉄の黒色はどんな料理も引き立ててくれます。

使った器はこちら

楕円ステーキ皿 鉄皿28.2×18.0cm、木皿35.0×17.2cm／ステーキ用の鉄皿は洋食店のレトロな雰囲気を出せます。ステーキやハンバーグだけでなく、パスタやピラフなどにもおすすめです。(参考商品)

盛りつけ方

1. 鉄皿を熱し、薄焼き卵を作る。

2. 別の鍋で作ったナポリタンを薄焼き卵の上に盛る。

3. ななめ切りにしたソーセージを散らし、輪切りにしたピーマンを上にジグザグに盛る。

基本の盛りつけ

昔ながらのナポリタンを王道の盛りつけで。やや深さのある白皿にナポリタンを盛りつけます。ピーマンの輪切りをトッピングし、パセリをふって完成。パスタがリムにかからないよう縁のラインを超えないよう丸く盛ります。

使った器はこちら → 平皿 直径23.5cm(参考商品)

カットと断面の見せ方がポイント

トーストサンド

こんがり焼いたトーストにレタス、ハム、卵サラダを挟んだサンドイッチは、具だくさんの断面を見せることで食欲が増進します。

盛りつけ方

1. 食パン3枚を焼き、バターを塗る（2枚目は両面に）。1枚目にレタスとハムをのせて2枚目ではさむ。3枚目に卵サラダをのせて重ね、サンドする。

2. 下の「盛りつけのポイント」の解説を参考に食パンを切り、写真のように盛る。

3. お皿の左奥のスペースにフライドポテトを盛る。仕上げにピックを差す。

盛りつけのポイント

食パンの山があるほうを真っ直ぐカットします。食パンの残りを写真のようにななめに切ります。こうすることで断面が互い違いに。

使った器はこちら

フェルメ 12”オーバルプレート
29.5×21.5cm、高さ3.7cm／ぬくもりのある茶色と厚みのある器が料理の温度感とマッチ。
(studio m'／マルミツポテリ)

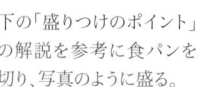

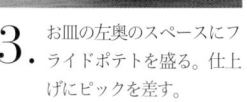

風車のように整然と並べて

ティーサンドイッチ

イギリスの伝統的なアフタヌーンティーに欠かせないティーサンドイッチ。貴族発祥のサンドイッチは、正確なカットと整然とした並べ方にこだわって。

盛りつけ方

1. お皿にレースペーパーを敷く。

2. 正方形にカットしたサンドイッチを並べる。

3. サンドイッチの中央にパセリを添える。

盛りつけのポイント

風車のように縦と横を互い違いに並べることで、真上から見たときに美しく映えます。パンは8～10枚切りがおすすめです。

使った器はこちら

デザート皿　直径22.7cm／リムのサーモンピンクの花柄が、白くぼやけがちなサンドイッチを華やかに演出。(参考商品)

気分が上がる高級感あふれる丼

海鮮丼

料理の主役であるイクラ、カンパチと、花穂じそ、海藻などのあしらいをメリハリつけて盛りつけることで、高級感を醸し出します。

盛りつけ方

1. 丼にごはんをややこんもりと盛る。

2. 右奥から手前に向かって、サーモンとカンパチを酢飯が隠れるように敷き詰める。左にはイクラを盛る。

3. 中央に海藻、その奥にきゅうり、右に厚焼き卵を盛る。海藻の右手前にわさびと花穂じそを添える。

盛りつけのポイント

刺身を隙間なく盛り、上から見ると刺身で埋め尽くされているようにしましょう。あしらいは海藻を土台にするのがポイントです。

使った器はこちら

ブリランテ ボウル(白玉吹・銀彩)
直径22.0cm、高さ10.9cm
／内側が銀彩の器が料理につやと高級感をもたらします。
(sobokai／マルミツポテリ)

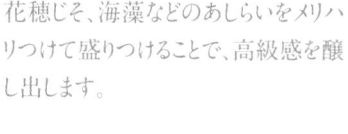

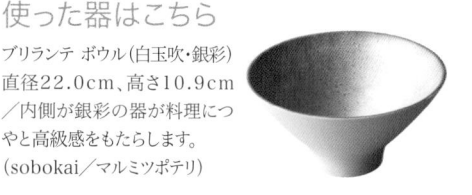

ふんわりパラパラの質感を

チャーハン

型盛りにすると庶民的な町中華の印象が強くなるチャーハンは、ふんわりと盛りつけてパラパラ感を表現しましょう。

盛りつけ方

1. 器にチャーハンを天盛りに盛る。

2. パクチーを添える。

盛りつけのポイント

庶民的な中華料理の代表ですが、型盛りにせず、あえてふんわりと盛ったチャーハンに、パクチーを添えることで、ヌーベルシノワ風に。

使った器はこちら

ガティ プレート(グリーン) 直径19.4cm／青磁風の上品なツヤ感が庶民的な料理を品よく仕上げてくれます。(studio m'／マルミツポテリ)

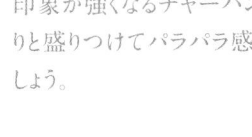

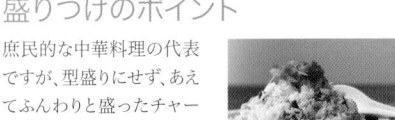

シェア料理は具材をバランスよく

パエリア

みんなでシェアする料理は、どこを取ってもさまざまな食材に当たるようにバランスよくレイアウトして。お皿からはみ出すように盛りつけると迫力満点！

盛りつけ方

1. お皿にサフランライスをまんべんなく敷きつめる。

2. 1の上にエビ4尾を放射状に並べ、隙間に赤・黄パプリカを、お皿の縁にかかるようにムール貝4個を盛り、中央にイカを並べる。

3. カットレモン4個を具材と重ならないようお皿の縁に並べる。粗びき黒こしょうをふり、刻んだイタリアンパセリを散らす。

盛りつけのポイント

最初に土台となる大きめの具材を決めると、そのあとの盛りつけがスムーズ。まずエビを放射状に並べて。

使った器はこちら

取っ手付きプレート(オレンジ×ブラック)29.0×24.0cm、高さ4.0cm／パエリア鍋を想起させるライブ感あふれるプレート。(参考商品)

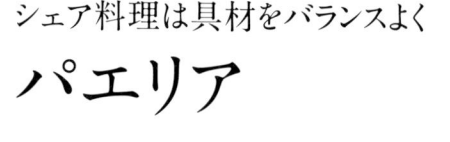

1人分の薬味セットを作って

ざるそば

付属する小物の多いざるそば。薬味とそばつゆを1枚のプレートに盛って1人分のそばセットにすると、コンパクトにまとまります。

盛りつけ方

1. そばをひと口サイズずつ手にとり、丸めるようにしてまとめて、せいろに並べる。

2. 平皿の右側に小口切りにしたねぎ、白ごま、わさびを盛る。

3. 平皿の左側につゆを注いだそばちょこを置く。

盛りつけのポイント

薬味とそばつゆを1枚のお皿に盛り、そばセットを作ってみると、シンプルかつモダンな印象。

使った器はこちら

公長斎小菅正角そば盛器(煤竹・簾付き)17.0×17.0cm、高さ5.3cm　三苫修長角平皿(黒)17.3×10.5cm(ともに参考商品)　dishes cup S(sand beige)直径8.0cm、高さ5.5cm(yumiko iihoshi porcelain)

column 4

仕上げのひとふり、ひと添えで料理が締まる

トッピングの効果

「なんだか少しもの足りない」「ピシッと決まらない」—— そんなときに効果的なのがトッピングです。盛りつけの最後にスパイスや薬味をふったり、食材の横に野菜やハーブを添えたりするだけで、料理全体に動きが出て、ぐっと締まります。

仕上げのひとふり

白や茶色など色味が乏しい料理には、薬味やスパイスをプラスしましょう。ポテトサラダに小口切りにした小ねぎをふったり、白身魚のカルパッチョにピンクペッパーをふったり、茶色が多い主菜に刻んだパセリをふったりするだけで、料理が高見えします。

仕上げのひと添え

料理の色味に対して補色になる野菜や薬味、ハーブを添えることで、彩りが鮮やかになり、風味も加わります。ここでは、カプレーゼ&バジル、ちらし寿司&スナップエンドウ、いなり寿司&かいわれ大根を紹介していますが、肉のおかずにパセリなどのハーブをプラスするのも、仕上げのひと添えに効果的です。

Part 5

その他の盛りつけ方

この章では、
パーティーにぴったりのカルパッチョや
鍋ごと提供する煮込み料理、
手軽なワンプレートごはんの盛りつけ方を紹介。
ほかにも、お酒とおかずの晩酌セットに、
朝・昼・夜の献立のテーブルセッティングも
ご紹介します。

平らな料理をあしらいで立体的に

カルパッチョ

魚のカルパッチョはイタリアのカルパッチョをモチーフに日本でアレンジしたもの。
白髪ねぎや菊花、パクチーといったあしらいで無国籍風に。

盛りつけのポイント

あしらいをお皿の中央に天盛りすることで、平らに並べたマダイとの高低差が生まれ、立体感が出ます。白髪ねぎ、菊花、パクチーを使うことでオリエンタルな雰囲気が出せるのも楽しいです。

使った器はこちら

Heath Ceramics Salad Plate 直径20.5cm、高さ2.7cm／マットな質感で料理のジャンルを選ばない器。前菜用としてはもちろん、通常は1人用のディナー皿として使用できるサイズ感です。（参考商品）

盛りつけ方

1. 薄切りにしたマダイをお皿に放射状に並べる。

2. エキストラバージンオリーブオイルをまわしかける。

3. 塩をふり、お皿の上でマリネする。

4. 白髪ねぎとパクチー、菊花を中央に盛る。

5. ピンクペッパーをマダイに散らす。

あえて具材ごとに切り方を変えて

大皿料理 ストウブの煮込み

おしゃれなストウブの鍋は、食卓にそのまま出して湯気まで味わうライブ感を楽しみましょう。鍋が大皿の役割を果たすので、仕上がりをイメージしながら調理します。

盛りつけのポイント

野菜は食材ごとに切り方を変えることで、全体として立体感が出ます。また、食感が変わり、食べ飽きないという利点も。鍋の中で同じ食材が偏らないよう、バランスよく盛りつけましょう。

使った器はこちら

ストウブ ピコ・ココット(グレナディンレッド・ラウンド)直径22.0cm、高さ15.0cm／深い赤が落ち着きのあるラウンド型ココット鍋。22cmサイズは、そのまま食卓に出しても違和感がない大きさです。(参考商品)

盛りつけ方

1. 料理ができ上がったら、豚かたまり肉を鍋の中央に置き、そのまわりに、さつまいも、にんじん、ズッキーニ、紫玉ねぎをバランスよく整える。

2. 鍋の中の煮汁を具材にまわしかける。

3. たっぷりのタイムを上にのせる。

1人分の盛りつけ

豚肉をスライスし、重ねてずらしながら左手前に並べ、右奥に野菜を盛りつけます。食材ごとに切り方を変えているので、意識しなくてもおのずと立体的な仕上がりに。

使った器はこちら → トランキル プレートL(キャメル)26.0×19.0cm(studio m'／マルミツポテリ)

ドリンクも含めて色味のバランスを

洋食のワンプレートごはん

ひと皿で複数の品が摂れるワンプレートごはんは、忙しい現代人の強い味方。
バランスよく盛りつけるテクニックをご紹介します。

盛りつけのポイント

食材に色味が少ないときは、ドリンクで色味をプラスするのも、盛りつけテクニックのひとつです。この場合は、茶系の食材が多いので、オレンジジュースを添えることで鮮やかな色味を足しています。

使った器はこちら

Hasami SEASON 01 プレート 直径22.0cm、高さ2.0cm／上品なオリーブグリーンが控えめな印象。 うすはりタンブラーM 直径6.5cm、高さ11.5cm／極薄で口当たりが軽やか。(ともに参考商品)

盛りつけ方

1. お皿の奥にケールサラダを盛り、極細切りにした紅芯大根を散らす。

2. トーストした食パンをななめ半分に切り、お皿の左手前にずらし重ねて盛る。

3. スクランブルエッグをトーストにかかるようにのせる。

4. くし形切りにしたキウイと縦半分に切ったいちごをお皿の右手前に盛る。

5. スクランブルエッグに粗びき黒こしょうをふり、ローズマリーを添える。

時計まわりに盛りつけるテクニック

和食のワンプレートごはん

和のワンプレートごはんは、時計まわりに盛りつけることで、懐石料理をひと皿で表現したかのように完成された美しさが作れます。

盛りつけのポイント

品数の多い和食のワンプレートごはんは、主役となる食材を盛ったら、あとは時計まわりに盛りつけていきます。最後に、中央に揚げ物を盛ることでバランスよくレイアウトがまとまります。

使った器はこちら

風花プレート 24.5×25.0cm／花リムが上品で和食にぴったり。(studio m'／マルミツポテリ) 湯のみ 直径6.0cm、高さ9.7cm／ブラウン～グリーンのグラデーションが美しい湯のみ。(参考商品)

盛りつけ方

1. お皿の手前に、笹を左奥が葉先になるように敷く。その上にサワラの西京焼きを盛り、ししとうを添える。

2. サワラの左奥にてまり寿司を盛り、しば漬けを添える。

3. てまり寿司の右に八寸（エビ、さつまいもの甘露煮、厚焼き卵）を盛る。

4. ほうれん草のおひたしを小鉢に盛り、いくらをのせ、八寸の右手前に置く。

5. 中央に揚げ物（ハモの天ぷら）を盛る。仕上げに菊花を添える。

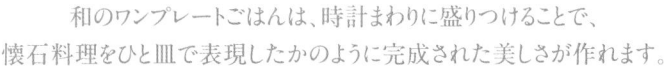

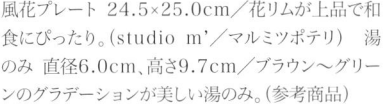

くいっと一杯、暑い夏に飲みたい
晩酌 ビール

晩酌のおつまみは、「お酒が進む肉か魚」「口当たりのいいマリネ」「つまみやすいフィンガーフード」が基本。ここでは、ビール、ワイン、日本酒それぞれのおつまみの盛りつけを紹介。

使った器はこちら

フォルクローレ 7.5寸鉢(藍染付け)直径23.2cm／藍色のグラデーションが深海を想起させる大鉢。(sobokai／マルミツポテリ)

金城由美子 富士鉢(パステルブルー)直径19.5cm、高さ6.5cm／ごく淡いパステルブルーで口径が広い盛り鉢。(参考商品)

トロンバ 天開小鉢(乳白)直径9.0cm、高さ8.0cm／直線的なラインがスタイリッシュな高台の小鉢。(sobokai／マルミツポテリ)

ROSENDAHL グラス 直径7.5cm、高さ11.0cm／麦の味わいを感じるビールは、やや厚みのあるタンブラーサイズのグラスで。(参考商品)

おつまみ4種

鶏つくね

盛り鉢の手前に、笹を敷く。その上に焼いた鶏つくねを2段にして盛り、刻んだみょうがをのせる。

大根とにんじんのなます

鶏つくねを盛った盛り鉢の奥に大根とにんじんのなますを盛る。高さを出しながらこんもりと盛りつけるのがポイント。

イカそうめん

小鉢に大根のけんを盛り、青じそをのせる。その上に細く切ったイカそうめんを盛り、紅たでを散らす。

枝豆

色よく塩でゆでた枝豆を器に盛る。上から見たときに正円になるようバランスよく天盛りにする。

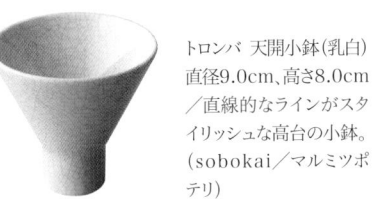

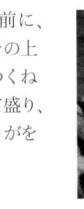

親密な会話が進むおつまみとテーブルコーデを

晩酌 ワイン

赤なら肉、白なら魚介というように、いただくワインに合わせておつまみを選びましょう。
ここでは赤ワインに合わせてシャルキュトリをセレクト。

使った器はこちら

ジュピター プレート（サンド）直径27.3cm／砂を吹いたような風合いのあるサンドカラーのプレート。アットホームな雰囲気のシャルキュトリにぴったり。（studio m'／マルミツポテリ）

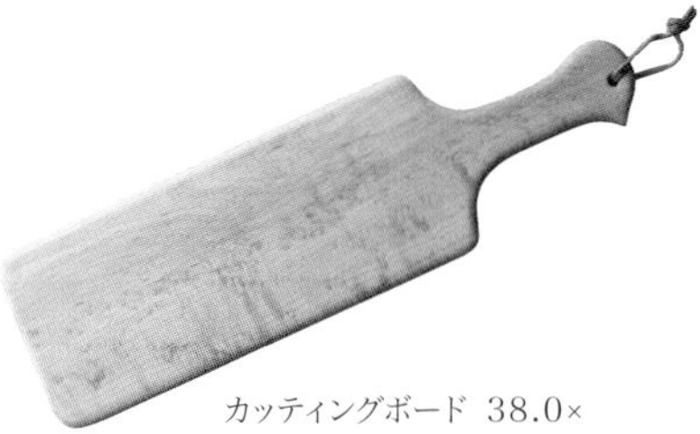

カッティングボード 38.0×11.0cm／メープル材のなめらかなカッティングボードは洋食のおつまみを盛るのに便利。（参考商品）

GARCON ワイングラス 直径7.0cm、高さ17.0cm／ベーシックなワイングラスは4〜5脚セットで用意しておきたい。（参考商品）

おつまみ3種

シャルキュトリの盛り合わせ

サラミ2種、パテ ド カンパーニュ、ソーセージでボリュームたっぷり。トレビスとイタリアンパセリで彩りよく。サラミにはオリーブオイルをかけ、ツヤと風味をプラスします。

いちじくとブルーチーズのブルスケッタ

全粒粉のカンパーニュにブルーチーズを塗り、カットしたいちじくをのせる。その上にローズマリーを添える。

野菜のマリネ

にんじんと紫キャベツのマリネ、ピクルスを盛る。空いたスペースに、じゃがいも、スライスしたきゅうり、にんじんを添える。

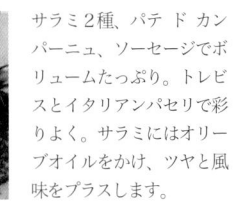

春らしい華やかな酒宴のイメージで

晩酌 日本酒

日本酒に合わせる肴は旬のものを少しずつ小皿に盛りつけて。
白木の上品な盆でまとめて、格式のあるコーディネイトに仕上げます。

使った器はこちら

冨貴長春伊万里焼 赤絵牡丹丸皿 直径16.5cm／牡丹の花が描かれた赤絵の小皿。料理を華やかに演出。(参考商品)

平川鐵雄 青磁双深小皿 直径11.5cm、高さ4.0cm／お造りに合わせて品のある青磁の高台つき小鉢をセレクト。(参考商品)

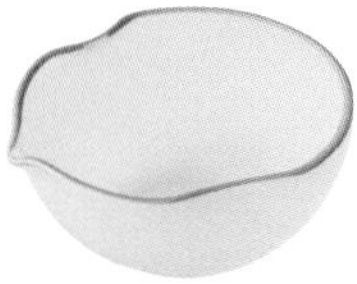

東洋ササキガラス瓢箪小鉢 8.2×7.5cm、高さ3.5cm／すりガラスに金の縁をほどこした小鉢。(参考商品)

水明窯縁染付七宝高台丸小鉢 直径8.8cm、高さ7.2cm／高台のある小鉢。外側はこげ茶で内側は白地。(参考商品)

右：叶松谷染付祥瑞捻りひさご徳利 高さ14.5cm、左：染付祥瑞猪口 直径4.9cm、高さ5.0cm／京焼きの藍色が美しい徳利とちょこ。(ともに参考商品)

おつまみ4種

サバの押し寿司・焼きたけのこ

小皿の左奥に押し寿司を置き、右手前に焼いたたけのこを置く。たけのこに立てかけるようにして花穂じそを添える。

マダイの刺身

小鉢に大根のけんを盛り、青じそをのせる。薄切りにしたマダイを並べ、左に海藻を添える。

なすの揚げびたし

なすを小鉢に盛る。なすの上に大根おろしをのせ、上からだしをかけて、いくらをトッピングする。

クレソンのおひたし

さっと色よくゆでたクレソンを3cmほどの長さに切り、調味したおひたしを皿に盛り、ひたし汁をかける。菊花を散らして。

日本の朝の風景が広がる

朝食の献立

焼き魚に炊きたてのごはんと味噌汁、漬け物というスタンダードな和朝食は、器の形と色、置く位置のバランスに注意して。

朝食メニュー4種

焼き鮭

さつまいもの甘露煮

なすとわかめの味噌汁

かぶと壬生菜の漬け物

焼き鮭：お皿に青じそを敷き、焼き鮭をのせ、右手前に大根おろしを添える。

甘露煮：豆皿に甘露煮を盛り、刻んだゆずの皮をのせる。

味噌汁：味噌汁に刻んだみょうがを浮かべる。

漬け物：かぶと壬生菜をそれぞれ盛る。

器のセッティング

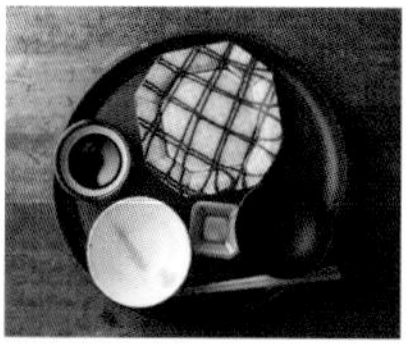

左手前に飯碗、右手前に汁椀、右奥に主菜皿、左奥に副菜皿を置きます。中央には副々菜の豆皿を。

使った器はこちら

角平皿 17.5×17.5cm　飯碗 12.0cm、高さ6.3cm　汁椀 直径11.7cm、高さ7.0cm　豆皿(青) 直径9.7cm、高さ3.8cm　角豆皿(緑) 6.4×6.4cm 盆 37.5×34.0cm(すべて参考商品)

元気が出るアジアンランチ
昼食の献立

平皿に主菜とライスを一緒に盛りつけて、パクチーやライムなどのあしらいを添えることで、アジアンごはんが完成します。

昼食メニュー3種

山賊焼き／マリネ：バナナの葉の上にチキンをのせ、茶碗で型抜きしたライスを盛る。フライドオニオンを添える。マリネ2種を右側に置き、パクチーをたっぷりと盛る。 生春巻き：スイートチリソースとカットライムを添えて。

器のセッティング

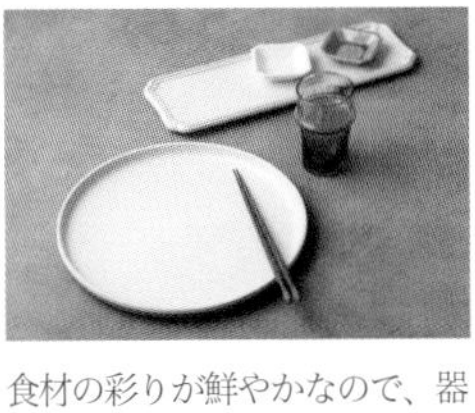

食材の彩りが鮮やかなので、器は白を基調に引き算で。バナナの皮、パクチー、ライムでエスニックテイストに。

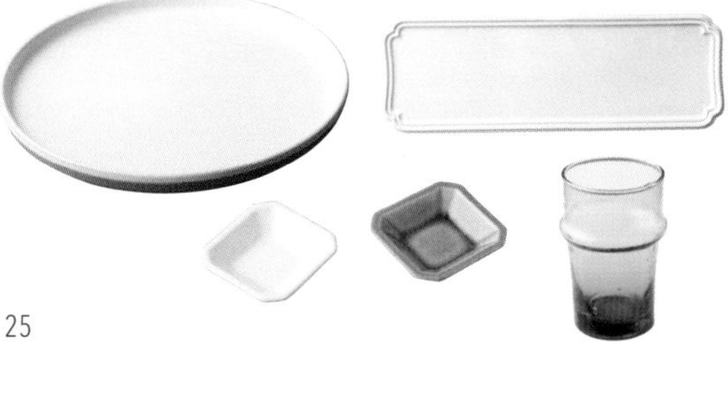

使った器はこちら

CLK-151プレート（ホワイト）直径25.0cm（KINTO） アソルティ プレートL 30.5×10.3cm（studio m'／マルミツポテリ） 角豆皿（白、緑） 6.4×6.4cm グラス 直径6.0cm、高さ9.7cm（ともに参考商品）

秋を彩る抜け感のある食卓コーディネイト

夕食の献立

具材たっぷりのパエリアとサラダのカプレーゼという洋食メニュー。
魚介、野菜、主食が摂れ、色彩も鮮やかな2皿をバランスよく盛りつけます。

使った器はこちら

取っ手付きプレート(オレンジ×ブラック)29.0×24.0cm、高さ4.0cm　Heath Ceramics Salad Plate 直径20.5cm、高さ2.7cm　GARCON ワイングラス／直径7cm、高さ18cm　Cutipol GOA テーブルフォーク、テーブルナイフ(ともにブラック×シルバー)　サンドストーン カトラリーホルダー(すべて参考商品)

夕食メニュー2種

魚介のパエリア：エビとイカが主役になるように置き、赤パプリカとインゲン豆を逆V字になるようバランスよく配置する。
カプレーゼ：モッツァレラチーズとミニトマトをお皿の左半分に盛り、オリーブオイルをまわしかけ、粗びき黒こしょうをふる。右にチャービルを添える。

器のセッティング

メインのパエリアの器のインパクトが強いため、カプレーゼのお皿はトーンを抑えてシックに。テーブルクロスにマスタードイエローを合わせることでパエリアの色とリンクさせ、情熱的なスペインを彷彿させつつ、秋にふさわしいこなれ感のあるコーディネイトに仕上げます。

column
5

ちょっとした調理テクニックで見た目が変わる

おいしく見せる調理学

一般的に料理は完成した瞬間がいちばんおいしく、見た目も最上です。そのいちばんよい状態をキープするため、ちょっとした調理のテクニックを駆使します。

焼き目、焼き色で香ばしさを表現

野菜や肉、魚は加熱したときのこんがりとした焼き色が食欲をそそります。そのため、グリルパンや焼き網などを使って焼き目をしっかりつけると、おいしそうな香ばしさを印象づけられます。

加熱や酸化による退色、変色を防ぐ

青菜はたっぷりの湯に塩を加えてゆでると色を美しく保てます。また、ゆでたあとに水にさらしたり、ざるにあけて扇ぎ冷ますことで色止めできます。れんこんなどの白く仕上げたい野菜は、ゆで湯に酢を加えると変色を防げます。

つや、照りでしずる感を演出

煮物は、仕上げに煮汁をかけてつやや照りをプラスします。焼き物などのソースやたれも同様です。揚げびたしやマリネなどの漬け汁も、料理にまわしかけることで乾燥を防ぎます。

生野菜の下処理でみずみずしさを保つ

葉物野菜は乾燥しやすく、時間が経つとくったりとしてしまうため、ボウルに水を張り、しっかり浸水させるとシャキッとした食感がキープできます。水切りはしっかりし、冷蔵保存する際にはふた付きの保存容器に入れ、湿らしたキッチンペーパーで覆うことも重要です。

Part 6

スイーツの盛りつけ方

みんなが大好きなスイーツはビジュアルが重要。
手作りスイーツはもちろんのこと、
市販品でもアレンジ次第で
おしゃれで素敵にグレードアップできる
とっておきのテクニックを公開します。
パーティースイーツからデイリースイーツまで
どれも気分が上がるアイデアです。

スイーツの基本の盛りつけ方

洋スイーツの基本の盛りつけ方

ケーキの鋭角部分が左にくるように盛りつけます。

お皿の手前に生クリームやソース、フルーツなどを配置します。

アルトピアーノ 9”プレート(ビアンコ)直径22.7cm(sobokai／マルミツポテリ)

奥にケーキを置き、手前にソースやフルーツを

1人分のケーキを盛りつけるデザートプレートは、18㎝前後のものが一般的です（リムが広いものは内径のサイズで見る）。

1人分に切り分けたケーキは器の中央に置きます。そして手前の空いたスペースには、ソースやクリーム、フルーツ、ハーブなどをバランスよく盛りつけます。彩りと余白に注意して美しく盛りつけて。

盛りつけのポイント

ケーキを置く位置は、お皿の中央、または中央より少し上。その手前のスペースに生クリームやフルーツ、ミントなどを盛りつけます。

和スイーツの基本の盛りつけ方

２人分の場合、お菓子の個数は３個にしてください。

HIBI 皿(鉄)直径12.0cm(KINTO)　スカラボッキオ 直径28.3cm (sobokai／マルミツポテリ)　ティシュ 湯のみ(白、黄)直径7.0cm、高さ7.5cm(4TH-MARKET)

和菓子は２人分でも必ず奇数を盛りつけること

和菓子の盛りつけにはいくつか守らなくてはならない約束ごとがあります。まず、お菓子は左、お茶は右に置くのがルール。また、お菓子の数は奇数と決められているので、２人分の場合、お菓子の数は奇数の３個、もしくは5個を盛りつけます。

器が漆の場合は、傷をつけないよう懐紙を敷くと安心です。

盛りつけのポイント

和菓子は必ず奇数で盛りつけること。この場合、湯のみが2つなので２人分ですが、干菓子は奇数の3個、もしくは5個にしてください。

パーツを順に重ねて高さを出す

パフェ

みんなが大好きなパフェを自宅でもチャレンジ！ 高さのあるパフェグラスを使い、土台作りをていねいに行うことで、美しく華やかなパフェが完成します。

盛りつけのポイント

2層目の玄米フレークがパフェのボトムの土台になるので、隙間ができないよう、また平らになるようしっかりと詰めます。トップのホイップクリームは高さを出し、視覚的なポイントを作ります。

使った器はこちら

パフェグラス 最大径9.6cm、高さ14.0cm、235mL／喫茶店やレストランで使われているようなクラシックな雰囲気のパフェ用グラス。高さがあり、口の広さもしっかりあるので、華やかな盛りつけが可能。（参考商品）

盛りつけ方

1. ベリーソースを底にひき、その上に玄米フレークを入れる。

2. 玄米フレークの上にミルクプリンをスプーンですくって入れる。その上に果肉入りフルーツソースをかける。

3. 円を描くように全体にホイップクリームを絞る。

4. バニラアイスクリームとストロベリーアイスクリームをのせる。

5. 右手前のスペースに果肉入りフルーツソースをのせる。

6. 左奥にホイップクリームを高さが出るように絞る。ミントを添える。

まるでリースのような華やかさ

パンケーキ

洋デザートを手作りしたくても技術的にむずかしいときは、こんなパンケーキがおすすめ。
ミニサイズをリースのように盛りつけることで華やかなデザートに仕上がります。

盛りつけのポイント

フルーツは季節ごとにお好きなものをチョイスし、色が重ならないようにランダムに散らしましょう。できれば、いちごやラズベリーなど赤みのある色を用意すると、ぐっと華やかに仕上がります。

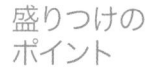

使った器はこちら

プレート 直径27.0cm／色や飾りのないシンプルな大判プレートは、1枚は持っておくと重宝します。主菜はもちろんのこと、主食、ワンプレート料理などに使えて便利です。(参考商品)

盛りつけ方

1. ミニサイズのパンケーキを丸く円を描くように1周並べる。

2. 生クリームをゆるめの6分立てに泡立てる。大きめのスプーンですくってパンケーキの上に塗る。

3. ラズベリー、ブルーベリー、ブラックベリーを交互に盛り、チャービルを等間隔にのせる。あればエディブルフラワーを飾る。

バリエーション

パンケーキ４枚を重ねて高さを出す盛りつけに。上にヨーグルトクリームをこんもりと盛り、パイナップル、マンゴー、レッドクローブをバランスよく置きます。仕上げにチャービルを飾り、お皿の縁にはオレンジソースをひき、アーモンドダイスと削ったレモンの皮を散らします。

使った器はこちら → パレット 290オーバルプレート(スモーキーパープル)28.8×21.2cm(studio m'／マルミツポテリ)

ケーキを縦向きにレイアウト

ショートケーキ

コンビニやスーパーで購入したケーキでも、盛りつけ方ひとつでぐっとよそゆき顔に。ケーキの置き方とフルーツ&ソース使いをマスターしましょう。

盛りつけ方

1. お皿の奥にケーキを縦に置く。

2. お皿の手前に、オレンジ、いちご、ブルーベリー、ミントの葉を添える。オレンジは皮を飾り切りしても。

3. お皿にお好みのフルーツソースで3つの点を落とし、竹串でソースをひき模様を作る。粉糖をふる。

盛りつけのポイント

ケーキを縦方向に置くことが、この盛りつけの最大のポイント。簡単なのに印象がガラッと変わります。

使った器はこちら

アルトピアーノ 9"プレート（ビアンコ）直径22.7cm／大きくとったリムが余白の美しさを演出。シンプルなデザートにぴったり。（sobokai／マルミツポテリ）

高さのある盛りつけで華やかに

アイスクリーム

パーティーでみんなでシェアできるよう4個のアイスクリームをひとつのボウルに盛りつけました。グラノーラやソースのトッピングで味に変化をつけて。

盛りつけ方

1. 器にアイスクリーム3個を盛り、その上にアイスクリーム1個をのせる。

2. アイスクリームのまわりにグラノーラを散らす。

3. 果肉入りフルーツソースを上からかけ、砕いたピスタチオを散らす。

盛りつけのポイント

アイスクリーム4個をピラミッド状に積み上げて立体感を。バニラのほかにお好みのアイスクリームを使っても。

使った器はこちら

CLK-151ボウル(ベージュ)
直径13.5cm、高さ5.0cm
／マットな質感×ざらりとした土の肌触りが料理に温かみを与えます。(KINTO)

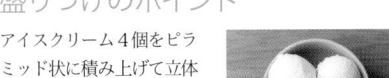

いつものマフィンをクラスアップ

焼き菓子のアレンジ

デイリースイーツのマフィンを格上げするテクを紹介。マフィンをカットし、ソースと抹茶パウダー、ドライフルーツで仕上げれば、お客様に喜ばれます。

盛りつけ方

1. 抹茶マフィンを縦半分にカットし、お皿の奥にずらし重ねて盛る。

2. お皿の下部に、サワークリームを細めの丸口金で波状に搾る。左手前に抹茶パウダーをふる。

3. オレンジとクランベリーのドライフルーツを適当な大きさにカットし、サワークリームに沿うようにのせる。

盛りつけのポイント

そのまま提供されることが多いマフィンをカットするだけで、おもてなし感を演出。ずらし重ねることで断面を見せつつ、立体感も。

使った器はこちら

竹口要　輪花プレート（砂金）21.5×20.5cm／テーブルを華やかにしてくれる輪花皿。砂金色でシックにまとまります。（参考商品）

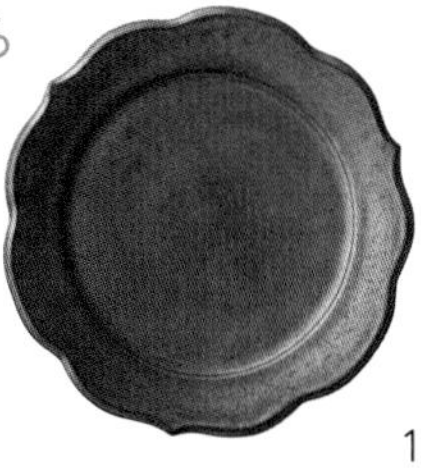

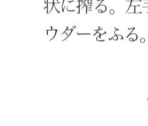

引き算演出で繊細な味わいを堪能

練り切り

“食べる芸術”ともいうべき練り切りは、シンプルに盛りつけてその世界観を堪能しましょう。縦置きとお盆使いのアレンジで、さらに洗練された印象に。

盛りつけ方

1. お盆の手前に小皿に盛った練り切りを置く。

2. お盆の奥に抹茶を置く。

盛りつけのポイント

お菓子→お茶の順番でいただくので、手前に練り切り、奥に抹茶を置きます。お盆に盛りつけてアレンジを。

使った器はこちら

上：林紅陽萩焼 抹茶碗 直径11.5cm、高さ8.0cm
下：小野澤弘一 丸皿（ろくろ目・墨茶）直径12.8cm（ともに参考商品）

藤崎均 渕波玉縁丸平皿（タモ・茶）直径30.0cm／タモ材のこげ茶のお盆。縁の波のようなフォルムが繊細な印象。（参考商品）

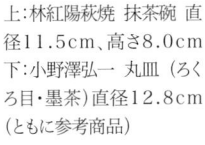

取り分けスタイルで会話も弾む

和スイーツ盛り合わせ

2人分の和菓子を長角皿に直接盛り、洗練されたスタイルに。季節の和菓子をセレクトすれば、きっと話に花が咲くことでしょう。

盛りつけ方

1. お皿を横長方向に置き、左端にふ焼きせんべいをやや重なるように盛る。

2. その右奥に糖蜜をかけたくるみ菓子を盛る。

3. その右手前に琥珀糖を盛り、右ななめ奥にミニどら焼きをやや重ねるように盛る。

盛りつけのポイント

リズム感を出すためにあえてジグザグに盛りつけます。２人分ですが、和菓子のルールに則り、奇数個ずつ盛ります。

使った器はこちら

細長角皿(黒土灰釉)40.6×13.3cm、高さ2.8cm／独特の風合いを残し、和の雰囲気にマッチ。抑えたトーンでバラつきがちなお菓子をシックにまとめてくれます。(sobokai／マルミツポテリ)

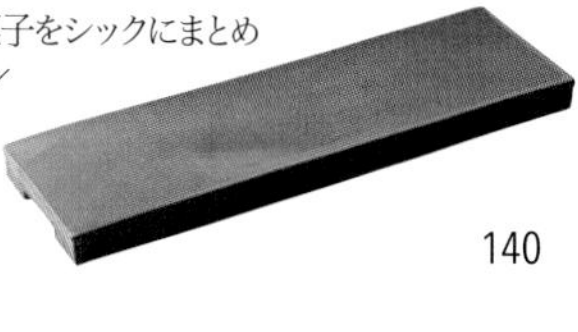

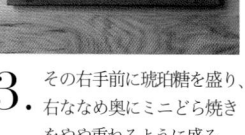

和の定番スイーツをまとまりよく

あんみつ

深さがあり、波打った形の鉢を選ぶことで、バラバラになりがちな具材が自然とまとまります。夏らしさを演出するガラスの器で涼を呼び込みましょう。

盛りつけ方

1. 器に寒天とみつ豆を盛る。

2. 中央にあんこを置き、右手前にすはまを揃えて並べる。フルーツはバランスよく対角線上に盛る。

3. 長角皿に2を置き、手前にカトラリー、右奥に黒蜜を添える。

盛りつけのポイント

あんこを中心にしてすはまやフルーツをバランスよく配置するため、工程2であんこの位置をしっかりと決めてしまいましょう。

使った器はこちら

村上恭一 縁波反口丸鉢(ガラス)直径15.5cm、高さ6.0cm／波打ったガラスが涼し気。レトロ感があり、あんみつとの相性もいいです。(参考商品)

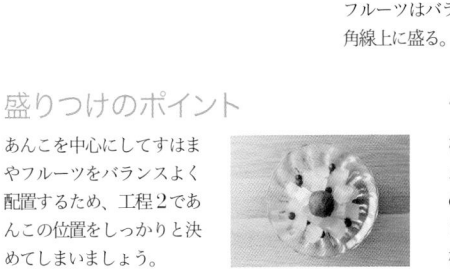

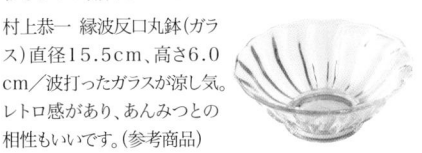

器の協力店

yumiko iihoshi porcelain (ユミコ イイホシ ポーセリン)

https://y-iihoshi-p.com

作家・イイホシユミコによるテーブルウエアブランド。クリーンで洗練されたフォルムのオリジナリティ溢れる器は、どんな料理にもなじみ、幅広いシーンで活躍してくれます。

SHOP ※下記を含めた全4店舗の直営店のほかに多数の取扱店があります

[tokyo shop]

住所：東京都渋谷区代官山町6-6
DAIKANYAMA SPT BLDG. 1-A
☎03-6433-5466
営業時間：12:00〜18:00
定休日：なし(年末年始を除く)

[osaka shop]

住所：大阪市中央区伏見町3-3-3
芝川ビル301
☎06-6232-3326
営業時間：11:00〜18:00
営業日：金・土・日曜

KINTO

https://kinto.co.jp

テーブルウェアのほか、キッチン、インテリア雑貨全般を扱い、生活を豊かに彩ります。使い心地と佇まいの調和をコンセプトにした、美しくスタイリッシュなプロダクトが人気です。

SHOP ※下記のほかに、REC STORE、アメリカ・ロサンゼルス店があります

[KINTO STORE Tokyo]

住所：東京都目黒区青葉台1-19-12
営業時間：12:00〜19:00
定休日：なし(年末年始を除く)

※本書に掲載している食器の情報は2023年9月時点のものです。
※食器の仕様に変更がある場合がありますが、ご容赦ください。また、完売、欠品の場合についてもご容赦ください。

スタジオ エム&ソボカイ
(studio m'&sobokai／マルミツポテリ)

https://www.marumitsu.jp
https://www.marumitsu.jp/webstore

ホームユースブランド「studio m'」とプロユースブランド「sobokai」の2ブランドを展開。“楽しい食事”を追求した使い手のための商品作りに定評があります。

SHOP ※下記を含めた器の直営店のほかに、飲食店、料理教室などがあります

[dishes]
住所：東京都渋谷区富ヶ谷1-17-5
☎03-5465-1771
営業時間：11:00〜19:00
定休日：水曜

[sobokai shokkiten]
住所：愛知県瀬戸市祖母懐町45
☎0561-88-1311
営業時間：10:00〜19:00
定休日：火曜

4TH-MARKET

https://4th-market.com

シンプルで使いやすく、スタイリッシュでモダンな“普段使いの器”に特化したプロダクトを作り続けています。どんな料理でも引き立て、ほかの食器とも好相性なので重宝します。

OFFICE

住所：三重県四日市市小杉町東川原428-1
ヤマダビル2F
☎059-330-5166
営業時間：9:00〜17:00
定休日：土・日曜・祝日

監修・調理・スタイリング

河合真由子

（かわい・まゆこ）

フードコンサルタント／フードスタイリスト
株式会社レシピオブライフ 代表取締役

大学卒業後、大手流通業、メーカーでの中国語通訳などを経て渡中し、飲食店の立ち上げを経験。帰国後、フードコーディネーター養成スクールを経て、独立。現在は、食マーケティングコンサルタントとして飲食施設、ホテルなどのコンサルティングを行うほか、食品メーカーのカタログや広告などのフードスタイリングなどを幅広く手がける。2020年に、オリジナルの盛りつけメソッドに基づく「盛り付け講座」を開講。2023年、ヒトの食に対する感性について研究を行うため、立命館大学大学院食マネジメント研究科に進学。

ウェブサイト　https://recipeoflife.jp
Instagram　@kawaimayuko

Staff

構成・編集・文　北村祐子[ART NEXT]
本文デザイン　今井佳代
カバーデザイン　江原レン[mashroom design]
撮影　よねくらりょう
調理アシスタント　山根瑞恵
寺田さおり
ヘア&メイクアップ　安藤由紀

校正　株式会社ヴェリタ

器協力　UTUWA　☎03-6447-0070
花風舎　☎03-5466-1681
オンザテーブル　☎03-5466-0971
キチネット　☎03-5466-3891

企画・編集　尾形和華[成美堂出版編集部]

盛りつけの基本とアイデア

監　修　河《かわ》合《い》真《ま》由《ゆ》子《こ》
発行者　深見公子
発行所　成美堂出版
〒162-8445　東京都新宿区新小川町1-7
電話(03)5206-8151　FAX(03)5206-8159
印　刷　TOPPAN株式会社

ISBN978-4-415-33314-4
落丁・乱丁などの不良本はお取り替えします
定価はカバーに表示してあります